図解法律コース4

人事部のための法律知識

弁護士
小澤 和彦＝監修　総合法令出版＝編
Kazuhiko Ozawa

通勤大学文庫
STUDY WHILE COMMUTING
総合法令

まえがき

本書『通勤大学　図解法律コース4　人事部のための法律知識』は、企業の人事部や総務部のスタッフ、中小企業の経営者をターゲットに、人事労務担当として「知っておくべき」「知らなかったではすまされない」法律の基礎知識を網羅的に解説したものです。

「人は石垣、人は城」とは有名な戦国武将武田信玄の残した名言ですが、現代の企業でも、まさに人こそが財産であり、社員の働き次第で盛衰が決まることに変わりはありません。

ただし、企業と社員との関係は近年大きく変わりつつあります。高度経済成長時代の終身雇用や年功序列といった慣習に代わって、新しい雇用形態が次々に生まれ、労働者の権利の尊重が重視される一方、従来は想定されていなかったトラブルも発生しています。そして、このような時代背景のもと、労働関係の法律の施行や改正が相次いでいます。もはや法律を知らなくて、人事労務の仕事はできないと言っても過言ではありません。

本書は難解な法律知識の基礎を短時間で学んでいただくために、1テーマを見開き2ページの図解つきで解説しています。通勤時間などを有効活用していただければ幸いです。

総合法令出版

目次

第3章　賃金の内容と支給方法

第4章 労働時間・休日・休憩

第5章　異動・配転・出向

第6章　退職・解雇

第7章 労働災害、安全衛生

第8章 労働組合、労使紛争

第9章 多様化する雇用形態

第10章 人事労務をめぐる今日的問題

装丁　八木美枝　　本文図版　横内俊彦　　本文イラスト　藤田めぐみ

※本書の内容は２００８年1月31日現在の法令等に基づいています。
※本書では紙面の都合により、一部の法律については略称を用いています。予めご了承ください。
(例) パートタイム労働法……正式名称「短時間労働者の雇用管理の改善等に関する法律」
高年齢者雇用安定法……正式名称「高年齢者等の雇用の安定等に関する法律」
障害者雇用促進法……正式名称「障害者の雇用の促進等に関する法律」
男女雇用機会均等法……正式名称「雇用の分野における男女の均等な機会及び待遇の確保等に関する法律」
育児・介護休業法……正式名称「育児休業、介護休業等育児又は家族介護を行う労働者の福祉に関する法律」

第1章

人事労務をめぐる法律の基礎

1 人事部と労働法

企業の人事部は文字通り、「人」に関わるさまざまな事項を取り扱う部署です。具体的には社員（労働者）の募集・採用から退職までの間に関わってくるさまざまな事務手続きをはじめ、トラブルが起こった際の処理を行います。

このように人事部の仕事は重要であると同時に広範にわたるため、実に多くの法律が関係してきます。その代表格がいわゆる「労働法」と呼ばれるものです。

実は「労働法」という名前の法律は存在しません。「労働法」とは労働者の権利を保護するさまざまな法律の総称です。その中で根幹となるのが労働者の賃金や就業時間、休日・休暇などの基本的な労働条件の原則を定めた「労働基準法」であり、これに勤労者の団結権や団体交渉権、団体行動権を定めた「労働組合法」、労働争議の際の労働委員による調整を定めた「労働関係調整法」を合わせて、特に「労働三法」と呼びます。

労働基準法は１９４７年の制定以来、多くの改正・拡大を重ねてきましたが、日本経済

労働法

主要な労働法

- 労働契約法
- 最低賃金法
- 労働安全衛生法
- 賃金支払確保法
- 雇用対策法
- 職業安定法

労働三法

- 労働基準法
- 労働組合法
- 労働関係調整法

- パートタイム労働法
- 労働者災害補償保険法
- 雇用保険法

- 高年齢者雇用安定法
- 障害者雇用促進法
- 労働者派遣法
- 男女雇用機会均等法
- 育児介護休業法

の構造変化やそれに伴う労働形態・就業意識の多様化、女性の社会進出、仕事と家庭の調和をめざす「ワーク・ライフ・バランス」の浸透など社会情勢の変化を背景に、それを補完するための多くの新しい法律が次々に生まれ、「労働法」自体も非常に複雑化しています。また、労働問題を扱った訴訟事件も増えています。

企業が成長していくためには良質な人材の獲得だけでなく、時代の変化に適応した良好な労使関係の構築・維持がこれまで以上に重要になります。労働者を大切にしなかったり、労働環境が劣悪な企業には人は集まらないし、流出していくからです。人事部はまさに経営の根幹と言える重責を担っているわけです。

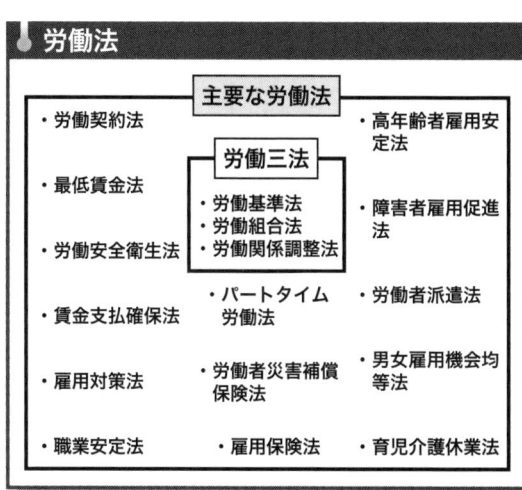

2 労働基準法と労働契約法

2008年3月1日から新たに「労働契約法」が施行されることになりました。

これまで労使間の基本的な権利義務関係は「労働基準法」の規定をベースに、裁判での判例を積み重ねることで個別にルール化されてきましたが、前項で述べた社会情勢の変化を受けて、これらのルールが「労働契約法」として法文化されることになったのです。

労働契約法では、労働契約の基本原則を次のように明確化しています。

①労使の実質的平等の下での合意……労働者と使用者が実質的に対等な立場で締結・変更すべきであること

②ワーク・ライフ・バランスへの配慮……労働者と使用者が仕事と生活の調和に配慮しつつ、締結または変更すべきものであること

③信義則の遵守……労働者と使用者は労働契約を遵守するとともに、信義に従って誠実に権利を行使し、および義務を履行しなければならないこと

労働契約法の基本原則

①	労使の実質的平等の下での合意
②	ワーク・ライフ・バランスへの配慮
③	信義則の尊重
④	権利行使の濫用の禁止
⑤	契約内容の理解の促進
⑥	労働条件の明確化
⑦	安全配慮義務

④権利行使の濫用の禁止……労働者と使用者は労働契約に基づく権利を濫用してはならないこと（特に出向命令権や懲戒権、解雇権の行使について）

⑤契約内容の理解の促進……使用者は労働者に提示する労働条件および労働契約の内容について、労働者の理解を深めなくてはならないこと

⑥労働条件の明確化……労働者と使用者は、労働契約の内容（有期労働契約に関する事項を含む）について、できるだけ書面で確認しなくてはならないこと

⑦安全配慮義務……使用者は労働者の生命、身体などの安全を確保するために必要な配慮をしなくてはならないこと

3 労働者とは

労働法では企業の社員や従業員に相当する言葉として、一般に「労働者」という言葉が使われています。本書も基本的にこの「労働者」という言葉を用いて説明します。

労働基準法では労働者を「職業の種類を問わず、事業または事務所に使用される者で、賃金を支払われる者」と定義しています。

したがって、これらの要件を満たしている者は、正社員はもちろん、パートタイム労働者やアルバイト、契約社員、派遣労働者などの雇用形態に関係なくすべて労働者であり、労働基準法やその他の労働法の適用を受けることになります。ただし、個人商店のように同居している親族のみを使用する事業や家事使用人については労働者とはみなされません。

また、現代ではいわゆるフリーランスのコンサルタントやエンジニア、在宅勤務者などを「業務委託契約」や「請負契約」などの形で使用することも一般化しています。これらの人々は業務の完了と引き換えにその報酬を受け取りますが、労働の対価として賃金を受

労働者の概念

労働者

・正社員
・パートタイム労働者
・アルバイト
・契約社員
・派遣労働者　etc.

＝

職業の種類を問わず、事業または事務所に使用される者で、賃金を支払われる者

※フリーランスのコンサルタントなどは雇用関係ではないので、労働者にはならない

け取っているわけではないので、労働基準法における労働者とは見なされません。

ただし、これらの人々であっても、以下の観点から労働者性が認められれば、労働基準法上の労働者と見なされることがあります。

・仕事の依頼、業務従事の指示などに対して拒否することができるか
・使用者が業務の遂行を指示し、それに従っているか
・勤務時間や労働時間についてどの程度拘束されているか
・機械や器具などを使用者が用意しているか
・報酬の計算について、時間を根拠にしていないか

4 使用者とは

労働法で前項の労働者に対する存在の意味で用いられているのが「使用者」という言葉です。つまり、労働者が労働法によってさまざまな保護を受けるのに対して、使用者は逆に労働法によってさまざまな義務を負うことになります。

労働基準法ではこの使用者を「①事業主または②事業の経営担当者、その他③その事業の労働者に関する事項について、事業主のための行為をするすべての者」と定義しています。この①～③を具体的に説明すると次のようになります。

①事業主

個人事業の場合は個人事業主を、会社などの場合は法人そのものをさします。

②事業の経営担当者

法人の代表取締役や取締役などの会社役員をさします。

③その事業の労働者に関する事項について、事業主のための行為をするすべての者

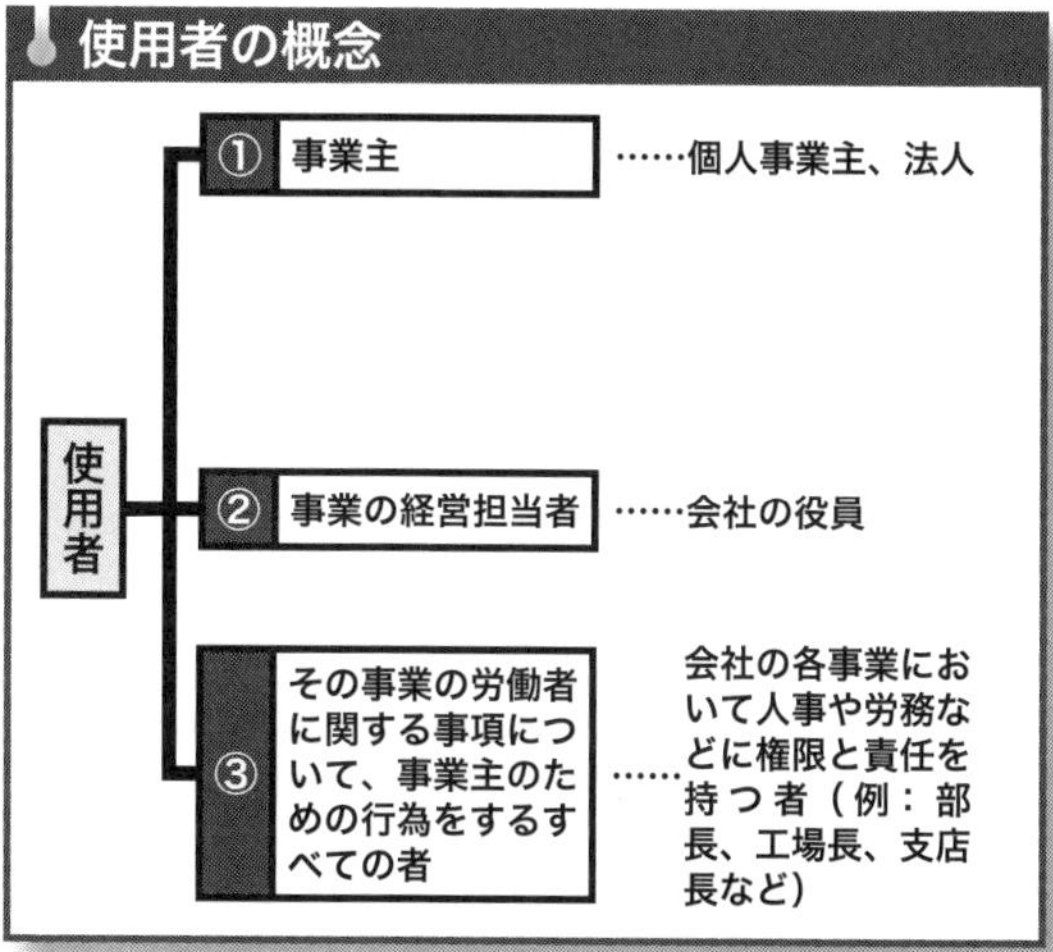
使用者の概念
使用者
① 事業主
……個人事業主、法人
② 事業の経営担当者
……会社の役員
③ その事業の労働者に関する事項について、事業主のための行為をするすべての者
……会社の各事業において人事や労務などに権限と責任を持つ者（例：部長、工場長、支店長など）

部長や工場長、支店長など、会社の各事業における人事や労務などに権限と責任を持つ者をさします。

したがって、②や③の人々は会社で働いているという意味では一般の労働者と同じですが、法律上は労働者とは見なされず、労働法による保護の対象外となります。

なお、会社によっては、取締役でありながら労働者としての業務を兼職している人がいます。これら使用人兼務役員については、取締役の肩書きが名目上だけであったり、役員報酬よりも労働者として受け取る賃金の方が多いなど、労働者性が強いと認められれば、ケースバイケースで労働者と見なされることもあります。

第2章

求人・採用・労働契約

1　求人募集活動

労働者の求人募集採用活動にあたっては、以下のような点に気をつけます。

①実際と異なる条件で募集しないこと

実際と異なる労働条件で募集をした場合、職業安定法などに抵触し、処罰の対象となる場合があります。

②男女の差別的取扱いをしないこと

求人内容における男女の差別的取扱いは男女雇用機会均等法により禁止されています。

「差別的取扱い」の例としては次のようなものが挙げられます。

・直接的差別……「男性のみ募集」「女性のみ募集」のように募集を一方の性別に限定したり、「セールスレディ募集」のように一方の性別を特定したり、そのほか、「女性のみ自宅通勤」のように男女間で異なる条件をつけること

・間接的差別……合理的な理由なく、身長・体重・体力を要件としたり、総合職の募集

求人・募集活動の際に注意すべき法律

①	**職業安定法** ……実際と異なる虚偽の労働条件で募集を行ってはならない
②	**男女雇用機会均等法** ……求人・募集の際に男女間で「差別的取扱い」を行ってはならない
③	**雇用対策法** ……年齢を限定した求人・募集を行ってはならない

※この他、高年齢者雇用安定法（190 ページ）、障害者雇用促進法（194 ページ）などにも注意

にもかかわらず、転居を伴う転勤に応じることを要件にするなど、結果的に一方の性別に不利となる条件を設定すること

ただし、俳優やモデル、スポーツ選手など、募集対象を一方の性別に限定する合理的な理由がある場合は、この男女雇用機会均等法の規制の対象外となります。また、深夜労働や残業が多いことを理由に女性を募集・採用しないことは禁止されています。

③年齢を限定して募集しないこと

年齢を限定した募集も雇用対策法によって原則禁止です。ただし、高齢者雇用の促進を目的とした60歳以上の募集など、厚生労働省令によって年齢制限が認められているケースもあります。

2 採用・労働契約締結

使用者には「採用の自由」が認められており、何人採用するか、どのような採用方法をとるかなどは原則として使用者の自由とされています。

ただし、その一方、使用者には採用を公正を期して行う義務が課せられています。たとえば、前項で説明した性別による差別的取扱いや年齢制限は禁止されているほか、労働組合への不加入を条件とするような採用も禁止されています。また、法律で定められているわけではありませんが、本人の同意を得ずに身元調査を行ったり、出生地や本籍、家族の職業・地位・学歴・収入など本人に関係のない事項や宗教・思想・支持政党など個人の自由である事項について面接などで質問することは避ける旨、厚生労働省は指導しています。

採用が決まれば、あとは労働契約の締結となります。労働契約（雇用）は民法に規定されている13種類の典型契約の1つであり、契約書を交わさなくても口頭で成立します。

ただし、労働契約締結時に使用者は労働条件を労働者に明示しなくてはなりません。労

採用選考の際に避けるべきこと

①本人に責任のない事項を面接などで質問すること

- 本籍や出生地に関すること
- 家族に関すること（職業、続柄、健康、地位、学歴、収入、資産など）
- 住宅状況に関すること（間取り、部屋数、住宅の種類、近郊の施設など）
- 生活環境に関すること（生い立ちなど）

②本来自由であるべき事項を面接などで質問すること

- 宗教、支持政党、人生観、生活信条、尊敬する人物、思想に関すること
- 労働組合や学生運動など社会運動に関すること
- 購読新聞、雑誌、愛読書などに関すること

③その他

- 身元調査などの実施
- 合理的、客観的に必要性が認められない採用選考時の健康診断の実施

※厚生労働省の指導より

働条件には、①絶対的明示事項と②相対的明示事項の2つがあります。

①絶対的明示事項（必ず書面で明示しなくてはならない事項）

労働契約の期間、労働時間、賃金、退職に関する規定

②相対的明示事項（就業規則などで定めのある場合に明示しなくてはならない事項）

退職金や賞与の支払などに関する規定

なお、労働契約の中身である賃金や労働時間、休暇などの労働条件はその最低基準が労働基準法や最低賃金法で定められており、この最低基準を下回る条件は無効となり、労働基準法の定める条件が適用されることになります。

3 内定と内定の取消し・辞退

内定とは、卒業前の学生に対して、実際の採用以前に採用を約束することを言います。労働法には内定について明確な定義はありませんが、判例上「解約権留保付労働契約」として扱われます。つまり、内定の段階で労働契約は成立し、契約の効力も発生します。

したがって、使用者が内定を取り消す場合は、「契約の解除＝解雇」として、次のような客観的に合理的な理由と、社会通念相当とされる事由が必要とされます。

①学校や大学を卒業できなかった場合……新卒者が学校を卒業できなかったのであれば、内定を取り消すことができます。

②入社までに健康を損なった場合……内定時は健康でも入社までに病気やケガなどで通常の労働に耐えられない状態になった場合も内定を取り消すことができます。ただし、身体的欠陥を承知の上で採用した場合はそれを理由に取り消すことはできません。

③虚偽の事実が判明した場合……選考の際の面接や提出した履歴書、身上申告書などで、

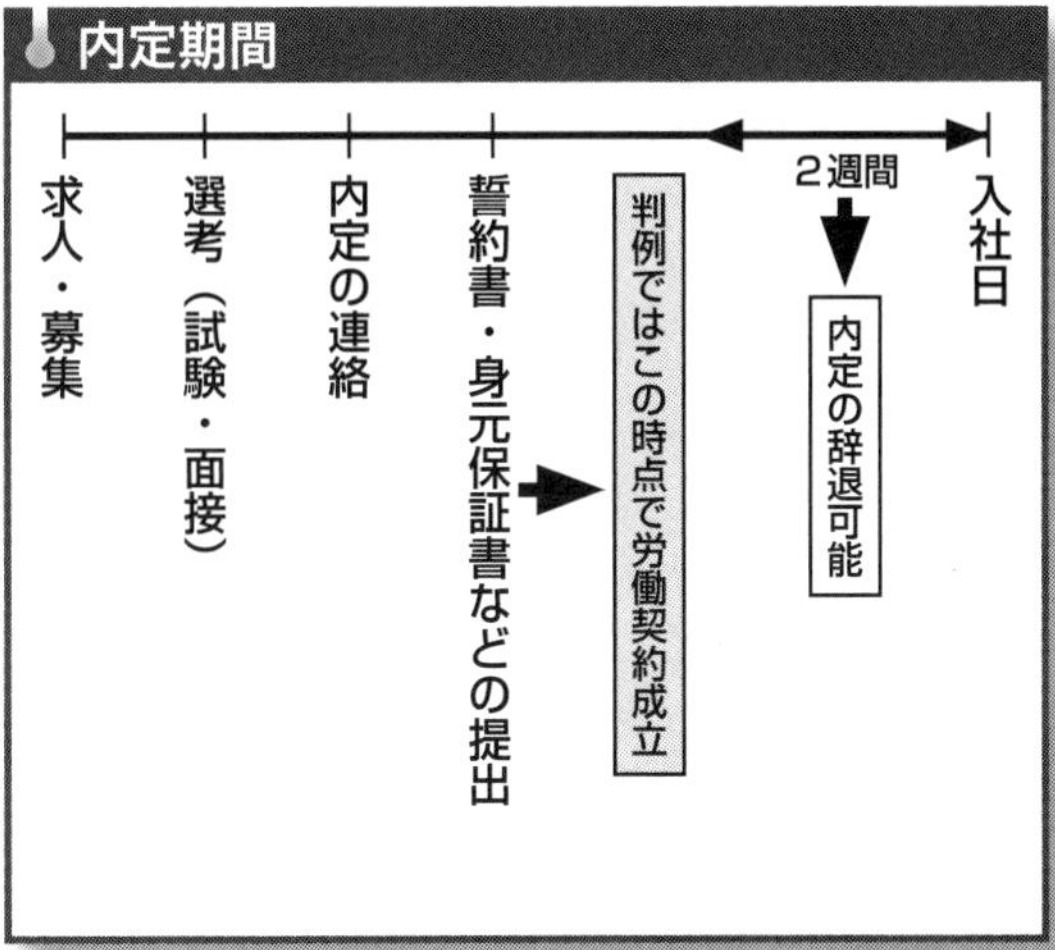

虚偽の事実を述べたり、書いたりした場合も、その内容が本人の学力、技能、人物など、労務の提供に支障を及ぼすような重大なものである場合は、内定取消しの理由になります。

④内定後に評価が変わった場合……刑事事件に関係したり、社会的に非難される行動をとるなど、内定後の言動が社員として適格性を欠き、評価を変えざるをえない場合も内定取消しが認められます。

また、逆に内定者の側から内定を辞退する場合は、民法の定めにより、実際に採用される日（入社日）の14日以上前までにその旨を使用者側に伝えなくてはなりません。（122ページ参照）

4 試用期間

面接や筆記試験だけで採用を決めるのが難しい場合、使用者が試用期間を置いて、その間に労働者のスキルや適性、勤務態度などを観察し、本採用すべきかどうかを決めることがあります。

この試用期間について労働法に定めはありませんが、判例では前述の内定と同様、「解約権留保付労働契約」とされています。つまり、使用者（会社）と労働者の間にはすでに労働契約が締結されており、次項で説明するように合理的な理由がなければ、本採用の拒否や試用期間中の解雇は認められません。

また、試用期間を置く場合はあらかじめ就業規則などに、「採用の日から○カ月間を試用期間とする」とか、「当社の社員として不適格と認めたときは本採用しない」などと定めておくことが必要です。また、就業規則に定められた試用期間を延長する場合もその旨の規定が必要です。

就業規則などに定めがあれば試用期間を置くことができます

なお、次のようなケースの試用期間は無効となります。

①試用期間が不当に長期にわたる場合

一般的に試用期間は3カ月とすることが最も多く、あまりに長い試用期間（6カ月以上）は無効とされます。また、就業規則などにあらかじめ定めがあっても、特段の事情なく試用期間を延長することも同様に無効となります。

②試用期間を設ける必要性がない場合

紹介予定派遣労働者として働いていた労働者を改めて正社員として雇う場合、すでに労働者としての適性は判断されているので、試用期間を設けることは認められません。

5 試用期間後の本採用後拒否と試用期間中の解雇

使用者は試用期間終了後、適性がないと判断した労働者の本採用を拒否することができるほか、試用期間中であっても解雇をすることができます。

まず、本採用拒否については、判例から政治的・宗教的信条や軽微な経歴・学歴の詐称は理由としては認められないと考えられます。問題となるのが適格性・能力の欠如ですが、これについては事実関係からケース・バイ・ケースで判断されることになります。トラブルを避けるには就業規則などで、その要件を定めておくとよいでしょう。

一方、試用期間中の解雇については、通常の労働契約と比べ、使用者側にとって解雇できる事由が緩やかに認められていると言えます。

ただし、試用期間とはいえ、すでに労働契約は結ばれており、労働しているわけなので、一般的には労働者の勤務態度に問題があったり、スキルが不足している、健康に不安がある、協調性がないなど、業務に支障を来たすことが明らかであったり、採用時の重大な経

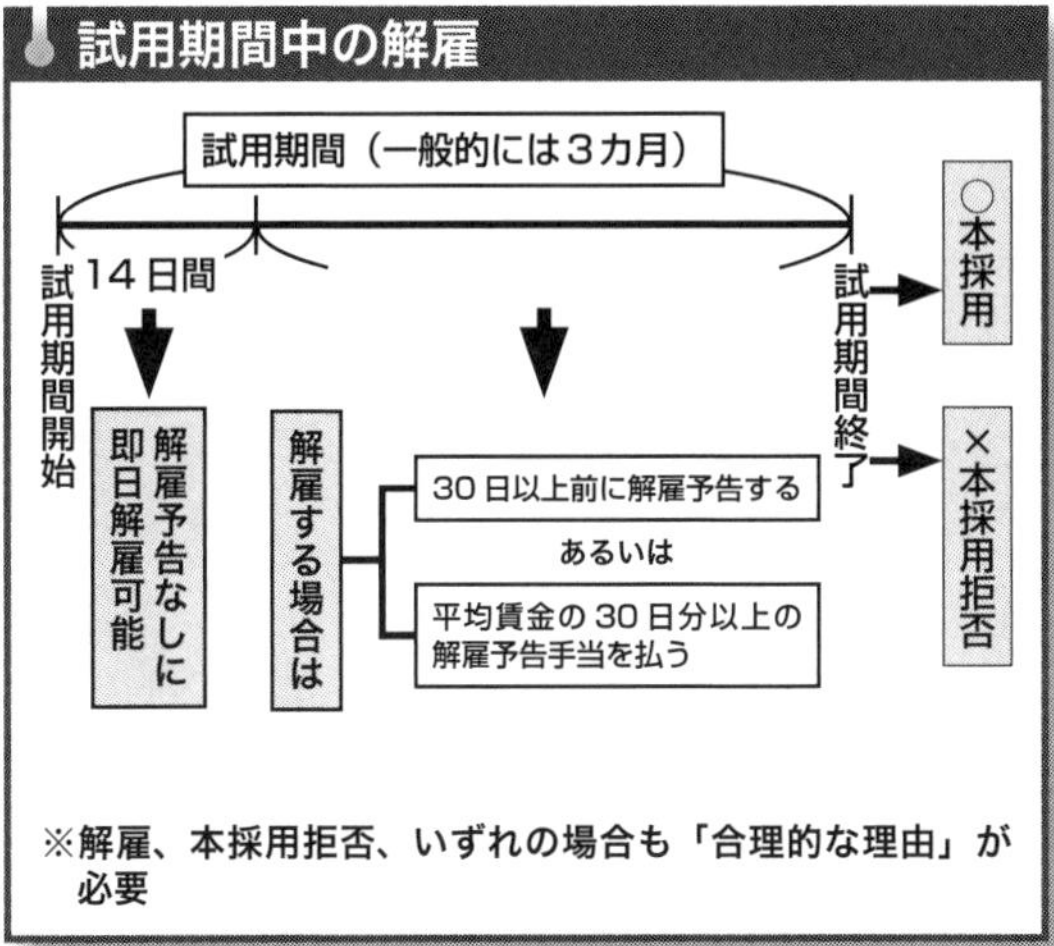

歴詐称などが発覚したりするなど、客観的に見て合理的な理由、具体的な根拠が必要となります。したがって、「なんとなく気に入らない」「暗い」「カンにさわる」などの使用者の恣意的な理由で解雇することはできません。

試用期間中に解雇を行う場合、使用者は、通常の労働契約において解雇を行う場合（126ページ参照）と同様、解雇を行う30日前までに解雇予告を行うか、平均賃金の30日分以上の解雇予告手当を労働者に支払わなくてはなりません。ただし、試用期間開始から14日以内であれば、解雇予告をする必要はなく、即日解雇することができます。これには就業規則などで試用期間が3カ月などと定められていたとしても同様です。

6 誓約書・身元保証書

入社時あるいは仮採用から本採用に移るときに、多くの会社では労働者に対して誓約書と身元保証書を提出することを求めます。

①誓約書

就業規則などの社内規則を守ること、履歴書などの記載事項に偽りのないこと、会社の名誉を毀損するような行動をとらないことなどを、労働者が会社の代表者に誓うものです。誓約書そのものには法律的効果は実際上ありませんが、会社が労働者に対して提出を求めることは認められており、労働者は誓約内容を守る義務が生じます。ただし、あらかじめ損害賠償額が定められているような誓約書は無効です。

②身元保証書

労働者の行為によって使用者が損害を受けた場合に、第三者である身元保証人が労働者の代わりに損害を補償する旨（身元保証）を会社に対して誓うものです。身元保証期間は、

身元保証書の例

身元保証書

山田商事株式会社　御中

東京都世田谷区○○1丁目2番3号
鈴木一郎
昭和○年○月○日生

今般貴社において前記の者を正採用に相成りましたので、私は次の各項に基づき、貴社に対してその責に任じます。

1．前記の者が貴社との雇用契約に違反し、また故意もしくは過失によって貴社に損害を被らしめたときは、私は前記の者と連帯し、その一切の損害を賠償いたします。
2．この身元保証の期間は本日より満5年とします。
3．私が前項の期間内に住所または氏名を変更した時は、ただちに貴社に対して文書で通知いたします。

後日のために本書を差し入れます。

平成○年○月○日

東京都中野区○○4丁目5番地6号
田中次郎　印

定めがなければ3年、定めがあっても5年が上限と法律で定められています（ただし、更新は可能）。

なお、労働者の行為によって身元保証人に責任が発生する恐れがある場合、あるいは労働者に転勤や業務変更などがあり、身元保証人の責任が重くなったり、労働者の監督が困難になる場合、会社はその旨を身元保証人に通知しなければなりません。

また、多くの身元保証書では身元保証人の賠償責任を「労働者の行為によって会社に生じた一切の損害」としていますが、実際には、使用者の過失の有無や身元保証人の資産状況などを総合的に判断して行い、損害額の2〜7割とすることが多いようです。

7 労働契約の締結と効力① 労働条件の明示

労働契約は、当事者の一方（労働者）が相手方（使用者＝会社など）に対して労務を提供することを約束し、使用者がこれに対し賃金を支払うことを約束する契約です。

労働契約そのものは口頭の約束でも効力が発生します。ただし、労働基準法は労働契約を結ぶ際に、使用者は労働条件を労働者に明示しなくてはならないと定めています。これには、必ず行わなければならない絶対的明示事項と、定めのある場合に明示しなければならない相対的明示事項があり、絶対的明示事項については、「昇給」に関する事項を除いて、書面で明示しなくてはなりません（次ページの表を参照）。

もっとも、契約締結時に労働者一人ひとりに労働条件を明示することは煩雑なので、実際には労働者に就業規則を交付すれば足りるとされます。

また、明示された労働条件が実際と異なっていた場合、労働者は即時に労働契約を解除することができるほか、就業のために転居した労働者が契約解除の日から14日以内に帰郷

労働条件

絶対に明示しなければならない事項（※昇給に関する事項以外は書面で）
・労働契約の期間 ・就業場所、従事すべき業務 ・始業および終業時刻、所定労働時間を超える労働の有無 ・休憩時間、休日、休暇、就業時転換に関する事項 ・賃金の決定、計算、支払の方法、賃金の締め切り、支払日、昇給に関する事項 ・退職に関する事項（解雇となる事由も含む）

規定があれば明示しなければならない事項（書面 or 口頭）
・退職手当の定めが適用される労働者の範囲、退職手当の決定、計算および支払の方法ならびに支払時期に関する事項 ・臨時の賃金、賞与および最低賃金に関する事項 ・労働者に負担させるべき食費、作業用品などに関する事項 ・安全、衛生に関する事項 ・職業訓練に関する事項 ・災害補償および業務外の傷病扶助に関する事項 ・表彰、制裁に関する事項 ・休職に関する事項

する場合、労働者は使用者に対して帰郷に必要な旅費を請求することができます。

なお、労働契約は、本来、労働者と使用者とが対等の立場に立って決定すべきもので、本人と会社の間で自由意思で取り決めればそれで有効となるはずですが、労働者保護の観点から、たとえ本人がその条件でよいと承知しても、その労働者に適用される就業規則や労働組合との間で結ばれた労働協約がすでに存在する場合には、これらに反する合意は無効となります。

したがって、個別の労働契約と法令や就業規則との関係について、優先される順位は、①労働基準法などの法令←②労働協約←③就業規則←④労働契約となります。

8 労働契約の特質と効力

労働契約の締結と効力②

前述したとおり、労働契約は使用者が労働条件を明示して、労働者がそれを承諾するという形で行われます。

しかし、現実には労働者一人ひとりと個別に労働契約を決めることは煩雑であることから、個別労働条件の明示は一般的には細部にわたってはなされず、賃金や賞与、労働時間や休日といった最低限の明示で済ませ、あとは統一的に定められた就業規則などを読ませるというのが労働契約の実情です。

判例によると、採用された労働者がその会社に就業規則が存在していることを知らなかったり、存在を知っていても内容をよく読んでいなかった場合であっても、その会社の就業規則に定められた労働条件を内容とする労働契約を結んだこととみなされます。

労働契約を結ぶと、その時点（新卒者の場合は入社日）で労働関係が発生し、使用者側も労働者側も次ページのような権利義務関係の拘束を受けることになります。

労働契約の特質と効力

労働者の義務

①労働義務
②服従義務（使用者の指揮命令に従い指示された労働の方法、態度、時間、場所などにおいて服従すること）
③秩序遵守義務（企業秩序および従業員間の集団共同生活上の規律を守り、施設、製品などの施設管理に従うこと）
④職務専念義務（勤務時間中の私用禁止）
⑤守秘義務（業務上の秘密を漏らさないこと）
⑥能率向上義務（業務の促進と能率の向上を図るとともに業務上必要な改善意見を述べ、的確な報告をしたり、必要な情報などを提供し、また自己啓発に努めること）
⑦協力義務（会社の施策に協力し、安全衛生活動や研修教育に進んで参加し、または会社の各種の調査などに応ずること）

使用者側の義務

①賃金支払義務
②使用義務（労働者の正当な労務の提供があれば、使用者はこれを指揮命令して使用しなければならず、使用できないときは休業補償として賃金を補償しなければならないこと）
③労働条件遵守義務
④安全配慮義務（労働者の生命・身体・健康などに危険が生じないように配慮すること）
⑤費用償還義務（労働者が業務を行う上で要した必要な費用は使用者が負担しなければならないこと）

9 労働契約上の注意点① 期間

労働契約には期間を定めるものと定めないものがあります。期間を定めた有期労働契約の場合、期間が満了すれば自動的に労働契約は終了しますが、使用者が途中で解雇することはやむをえない理由がないかぎり、認められません。

また、有期労働契約の期間を労働基準法は原則として最長で3年とすることを定めていますが、次のような場合は例外とされ、3年以上の契約を結ぶことができます。

①一定の事業の完了に必要な期間である場合

②職業訓練のために必要がある場合

③契約期間の上限を5年とできる以下の場合

・厚生労働大臣が定める基準に該当する高度の専門的知識や技術、または経験を有する労働者が、それらの専門的知識などを必要とする業務に就く場合

・満60歳以上の労働者を雇い入れる場合

労働契約の期間

労働契約
- 期間の定めのない労働契約
- 期間の定めのある労働契約（有期労働契約）

↓

原則：3年が上限
例外：（1）一定の事業の完了に必要な期間である場合
（2）職業訓練のために必要がある場合
（3）①高度の専門的知識や技術、または経験を有する労働者が、それらの専門的知識などを必要とする業務に就く場合
②満 60 歳以上の労働者を雇い入れる場合
※①②ともに上限は5年

なお、有期労働契約は更新することが可能ですが、更新を繰り返して一定期間雇用を継続したにもかかわらず、期間満了をもって突然労働契約を終了させる、いわゆる「雇止め」が問題となることがあります。

この場合、有期労働契約をしているか、または3回以上更新している労働者を1年以上継続して雇用している使用者は、更新しない場合、少なくとも契約期間が満了する日の30日前までにその予告をしなければなりません。また、労働者が雇止めの予告または雇止め後に、雇止めの理由に関する証明書の交付を求めたときは使用者は遅滞なくこれを交付しなければなりません。

10 労働契約上の注意点② その他

労働基準法では、労働者が使用者との力関係で不利な扱いを受けないようにするため、労働契約について次のような禁止規定を定めています。

①賠償予定の禁止

たとえば「労働者は3カ月以内に辞めたら使用者に10万円払わなくてはならない」などのように、労働契約の不履行について労働者が違約金や損害賠償金を払う内容の契約を結んではなりません。ただし、社員の自由意志で海外に留学を希望してその費用を会社が負担した場合に、「留学終了から5年以内に退職した場合は会社に費用を返還しなくてはならない」などとする内容で契約することは認められます。逆に、会社の命令で留学した場合はこのような返還義務を契約で定めることは労働基準法に違反し、無効とされる可能性があります。

②前借金相殺の禁止

賃金と前借金の相殺はできません

使用者は労働することを条件とする前借金などを賃金と相殺することを、たとえ労働者本人の同意があったとしてもしてはなりません。ただし、給料などの前借そのものは認められ、使用者は賃金との相殺以外の方法で返済を受けることはできます。

③強制貯蓄の禁止

使用者の側で、労働契約で労働者に強制的に社内貯蓄などをさせることは原則としてできません。ただし、労働者の側からの委託があった場合は、労働者代表との書面による協定の締結と行政官庁への届出、管理規定の策定・備付があれば認められます。また、使用者が自ら貯蓄を引き受ける場合は、一定の利息をつけなければなりません。

11 就業規則① 就業規則の作成と変更

就業規則は事業場における労働条件や職場の規律を定めたもので、使用者と労働者の間の実質的な労働契約書とも言えるものです。

労働基準法は、常時10人以上の労働者を使用する使用者は、就業規則を作成しなければならず、その作成や変更について、事業場に労働者の過半数で組織する労働組合がある場合はその労働組合（ない場合は労働者の過半数代表者）の意見を聴かなければならないと定めています。ただし、意見を聴くことが義務づけられているだけで、同意を得る必要はなく、使用者が一方的に定める権限を持っています。

作成や変更された就業規則は、労働組合あるいは労働者代表者の意見書を添付して、所轄の労働基準監督署に届出されなければなりません。そして、就業規則は常時、社内の見やすい場所に掲示や備え付けなどの方法で、労働者に周知されなくてはなりません。

就業規則は常時10人以上の労働者を使用する使用者に作成と届出が義務づけられていま

就業規則の作成・変更

就業規則の作成・変更

↓

労働者の過半数で組織する労働組合（ない場合は労働者の過半数を代表する者）へ意見聴取
※ただし同意を得る必要なし

↓

上記意見書を添付して、所轄の労働基準監督署に届出

↓

常時、社内の見やすい場所に掲示や備え付けて周知する

すが、労働者の数がそれ以下の会社でも労働管理の意味で作成しておくことが望ましいと言えます。また、この10人には正社員だけでなく、パートタイム労働者やアルバイトなども含まれます。

なお、就業規則は使用者が一方的に作成したり、変更する権限をもつとはいえ、その内容は憲法や労働基準法などの法令、労働組合との労働協約の内容に反するものであってはなりません。反するものであった場合、労働基準監督署は変更命令を出すことができます。

使用者側が就業規則を変更した場合、その内容が労働者にとって不利益なものになる場合は、その理由が合理的なものかどうかがポイントとなります。

12 就業規則②　就業規則に盛り込む内容

就業規則に記載すべき事項には、必ず記載しなければならない①絶対的必要記載事項と、会社に定めがあれば記載しなければならない②相対的必要記載事項、そして、記載するか否かはまったく自由な③任意的必要記載事項があります。

①**絶対的必要記載事項**（必ず記載する）

・始業および終業の時刻、休憩時間、休日、休暇並びに労働者を二組以上に分けて交替で就業させる場合においては就業時転換に関する事項

・賃金（賞与などの臨時の賃金等を除く）の決定、計算および支払方法、締切り、および支払時期並びに昇給に関する事項

・退職に関する事項（解雇の事由を含む）

②**相対的必要記載事項**（会社に定めがあれば記載する）

・退職手当が適用される労働者の範囲、退職手当の決定、計算および支払の方法並びに

就業規則の内容

①	**絶対的必要記載事項（必ず記載）**
②	**相対的必要記載事項（会社に定めがあれば記載）**
③	**任意的記載事項（記載するかどうかは自由）**

支払の時期に関する事項

・臨時の賃金等（退職手当を除く）および最低賃金に関する事項

・労働者の食費、作業用品その他の負担に関する事項

・安全及び衛生に関する事項

・職業訓練に関する事項

・災害補償及び業務外の傷病扶助に関する事項

・表彰及び制裁の種類や程度に関する事項

③任意的記載事項（記載するかは自由）

・就業規則の制定・改定手続き、前文、社訓的事項、採用、就業規則の解釈・適用・定義条件など

13 労働契約と就業規則の関係

2008年4月施行の労働契約法では、労働契約と就業規則の関係が明確になりました。すなわち、使用者と労働者の間で労働契約を締結する際、使用者が合理的な労働条件を定めている就業規則を持ち、それを労働者に周知（見やすい場所に掲示したり、備え付ける）させていたときは、原則としてその就業規則に定められた労働条件が労働契約の内容になるというものです。ただし、その就業規則の中に、憲法や労働基準法などの法令、または労働組合との間に結ばれた労働協約に反する部分があった場合、その部分は労働契約の内容にはなりません。

また、前記のような合理的な労働条件を定めた就業規則がある場合でも、使用者と労働者が就業規則と異なる内容の労働条件で個別に労働契約を結ぶことは可能です。ただし、その労働契約の労働条件の中に就業規則で定められた基準に達していない部分があった場合はその部分については無効となり、就業規則で定められた基準が適用されます。

労働契約と就業規則

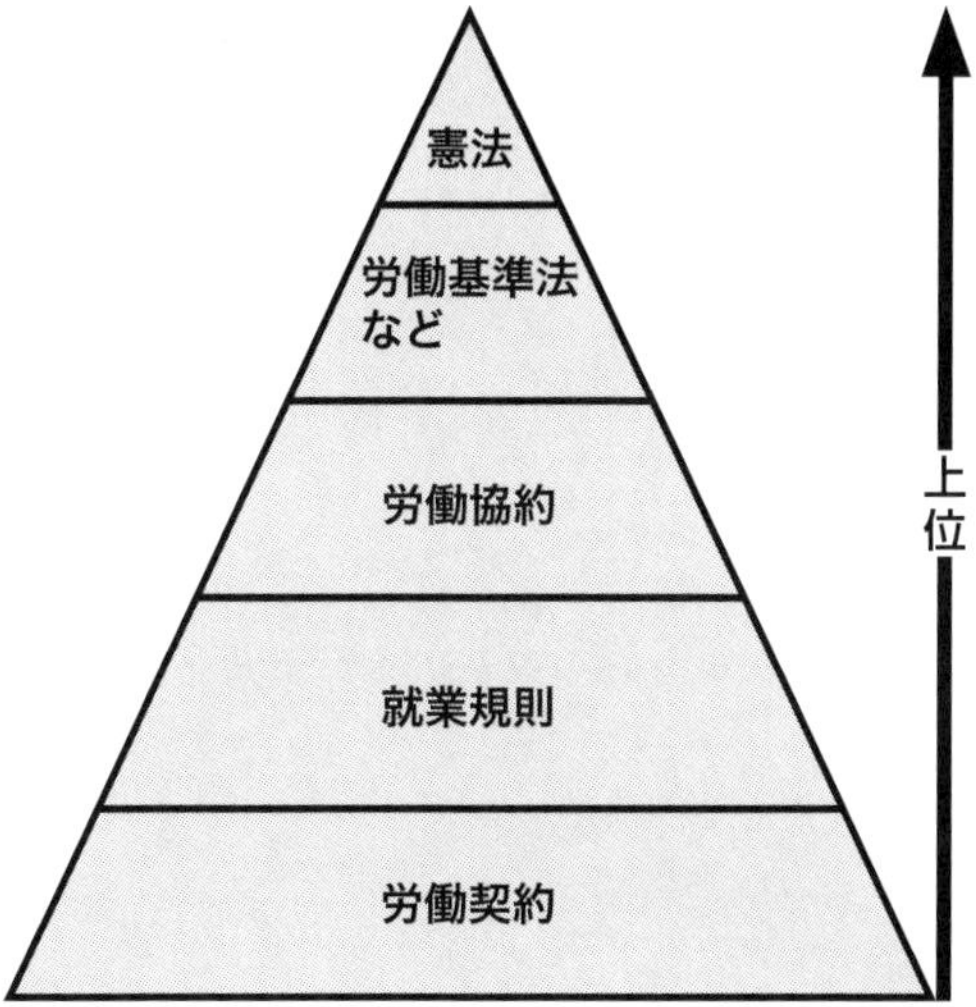

・労働契約の労働条件が就業規則に達していない場合

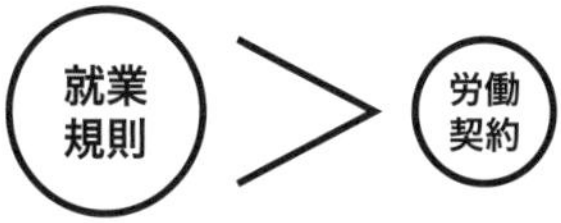

・労働契約の労働条件が就業規則より有利な場合

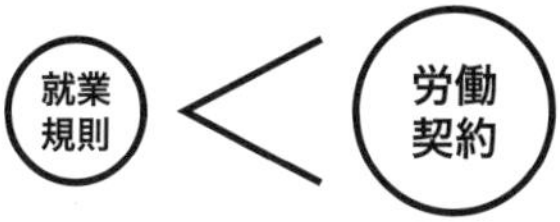

第3章
賃金の内容と支給方法

1 賃金の範囲

労働契約において、賃金は最も重要な要素であり、法律上でも詳細に規定されています。まず、労働基準法は賃金を「賃金、給料、手当、賞与その他名称の如何を問わず、労働の対償として使用者が労働者に支払うすべてのものをいう」と定義しています。

これらは現金以外のものであっても、判例や行政解釈により、賃金に含まれるかどうかが次のように分類されます。

①賃金の範囲に含まれるもの

・現金の代わりに支給され、その支給により現金支給分の減額を伴うもの、あるいは労働契約において、予め貨幣賃金の外にその支給が約束されているもの
・労働契約、就業規則、労働協約などによって予め支給が明確にされている退職金、慶弔見舞金など
・事業主の負担する労働者の税金・失業保険料

賃金の範囲

賃金に該当するもの	基本給、職務給、職能給、役職手当、住宅手当、家族手当、通勤手当、賞与、退職金および慶弔見舞金（労働契約、就業規則、労働協約などに定めがある場合）　など
賃金に該当しないもの	福利厚生施設、退職金および慶弔見舞金（労働契約、就業規則、労働協約などに定めがない場合）

・住宅積立金制度の一環として一定の条件に該当する従業員に一律に支給される住宅助成金と称する手当

②賃金の範囲に含まれないもの

・労働者に支給される物や利益で、代金を徴収するものや、福利厚生施設とみられるもの

・労働契約・就業規則・労働協約によって明確化されていない退職金、慶弔見舞金など

・臨時に支払われる物その他利益（例　会社の創立記念日または個人的吉凶禍福に対して支給されるもの）

・福利厚生のため使用者が負担する生命保険料等補助金

2 賃金の支払の5原則

労働基準法は賃金の支払について、次のような5原則を定めています。

①通貨払いの原則

賃金は現金で支払うことが原則となっています。小切手や現物などで支払う場合は法令もしくは労働協約に別段の定めがなければなりません。また、労働者の同意を得た場合には、労働者が指定する金融機関の本人名義口座への振込みによる支払いも可能です。

②直接払いの原則

賃金は労働者に直接支払わなければならず、代理人による本人以外の受領は親権者や法定代理人でも無効とされます。ただし、妻子などの使者に対する支払は認められます。

③全額払いの原則

賃金はその全額を支払わなければならず、貸付金などと相殺することはできません。ただし、社会保険料や所得税、住民税の源泉徴収などを法令の定めにより控除したり、労働

賃金支払の5原則

①	通貨払いの原則
②	直接払いの原則
③	全額払いの原則
④	月1回以上払いの原則
⑤	一定期日払いの原則

組合との書面による協定がある場合に寮費や社宅家賃、福利厚生施設費、組合費などを控除することは認められます。

④月1回以上払いの原則

賃金は毎月1日から月末までの間に1回以上支払わなければなりません。年俸制の場合でもその年俸を12等分するなどの方法で毎月1回以上支払う必要があります。

⑤一定期日払いの原則

賃金は一定の期日（例　毎月末）を定めて支払わなければなりません。ただし、臨時に支払われる賃金や賞与その他これに準ずるもので、厚生労働省令で定める賃金（精勤手当、勤続手当、奨励加給、能率手当）については、この限りではありません。

3 平均賃金

平均賃金とは、使用者が労働者の賃金を算定するにあたって用いる基準です。

平均賃金は、労働者を解雇する際の解雇予告手当（126ページ）や休業手当（66ページ）、年次有給休暇（92ページ）中の賃金、減給の限度（68ページ）、業務上の災害に対する災害補償（146ページ）、労災保険（148ページ）の給付額の計算の基礎になる給付基礎日額、などの算出に使われます。

平均賃金は、あくまでも労働者の通常の生活資金を保障するのに十分な賃金という意味なので、過去3カ月間にその労働者に対して支払われた賃金の総額をその期間の総日数で割って算定されます。ただし、次の期間と賃金については、労働基準法では計算に含まないとされています。

①除外される期間

・業務上の傷病による療養のために休業した期間

平均賃金の計算方法（原則）

平均賃金

$$=\frac{\text{算定事由発生日以前３カ月間に支払われた賃金の総額}}{\text{算定事由発生日以前３カ月間の総日数}}$$

・産前産後の休業期間
・使用者の都合による休業期間
・育児休業、介護休業の期間
・試用期間

②除外される賃金

・臨時に支払われた賃金
・賞与など3カ月を超える期間ごとに支払われる賃金
・通貨以外のもので支払われる賃金のうち、法令や労働協約に定めがない賃金

4 最低賃金

賃金は原則として使用者と労働者の取り決めで自由に決められるものです。しかし、それでは労働者が合意さえすれば、給料はどんなに低くてもいいということになってしまいます。

そこで、国が最低賃金法によって賃金の最低額を定め、それより低い賃金で労働者を使用した場合、その労働契約は無効となり、使用者は差額を支払わなくてはならないとともに罰則を科されることを定めています。

最低賃金には次のような種類があります。

①地域別最低賃金

多くは各都道府県ごとに審議会の諮問を受けて決められており、産業や職種に関係なく、すべての労働者とその使用者に適用されます。

②産業別最低賃金

鉄鋼業や産業用機械、電気機械器具などの特定の産業において、関係する労使間で必要

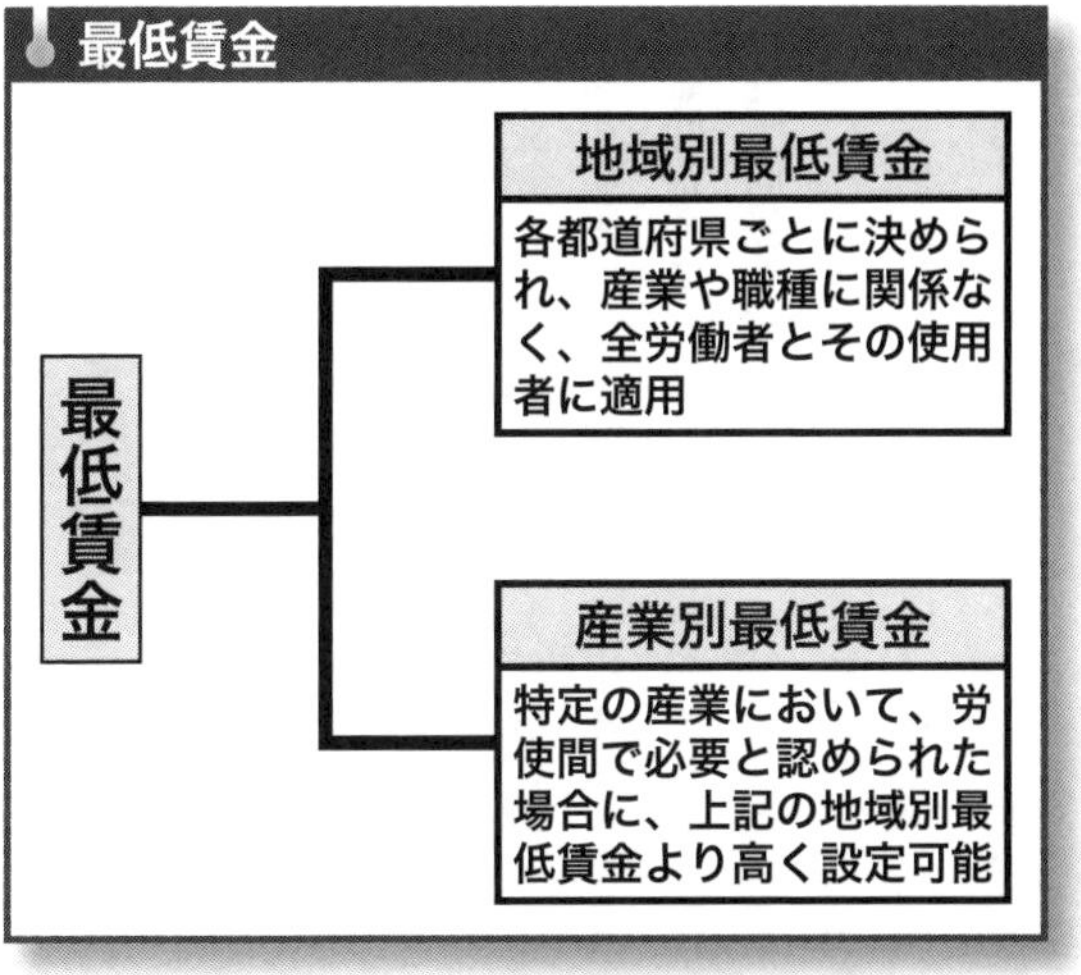
最低賃金
最低賃金
地域別最低賃金
各都道府県ごとに決められ、産業や職種に関係なく、全労働者とその使用者に適用
産業別最低賃金
特定の産業において、労使間で必要と認められた場合に、上記の地域別最低賃金より高く設定可能

と認められる場合に、地域別最低賃金より高い最低賃金を定め、適用できる制度です。

なお、以下の労働者については、一般労働者と労働能力が異なり、一律に最低賃金を適用するとかえって雇用機会を狭める可能性があるという理由で、使用者が各都道府県の労働局長の許可を得れば、最低賃金の適用除外者となります。

・精神または身体の障害により著しく労働能力が低い者
・試用期間中の者、認定職業訓練を受けている者のうち一定の者
・所定労働時間が特に短い者
・軽易な業務や断続的労働に従事する者

5 年俸制と歩合給制

近年、人事考課における成果主義の導入が進んだことを反映し、年俸制や歩合制といった新しい賃金の支払い方が増えてきています。

①年俸制

賃金額を月単位で決める月給制に対し、年単位で決める方法です。年俸制といっても、労働基準法の賃金の規定が適用されることには変わりありません。

したがって、前述の「賃金の支払の5原則」のうち、「毎月1回払いの原則」に則って、毎月1回以上支払われなければなりません。実際には、年俸総額を12で割った額を毎月支払ったり、14で割った額を毎月払って残りを夏と冬の賞与として2回に分けて支払うなどの方法がとられます。ただし、後者ですと、年俸額に金額が確定された賞与があらかじめ含まれていることになりますので、勤務成績不良などを理由とする減額はできないと考えられます。

年俸の支払例

年俸600万円を「毎月1回払いの原則」で払った場合

4月	5月	6月	7月	8月	9月	10月	11月	12月	1月	2月	3月
40万円	40万円	40万円	40万円＋賞与60万円	40万円	40万円	40万円	40万円	40万円＋賞与60万円	40万円	40万円	40万円

ただし、自由に減額できる賞与とはならない

②歩合給制（出来高払制）

営業職などで多く見られるもので、売上高や生産量などの成果に応じて一定比率で賃金が決定される制度です。

ただし、仮に「完全歩合給」などと言われていても、成果がゼロであれば賃金もゼロという内容の労働契約は無効です。この場合、使用者は労働者の最低限の生活を保障するために、保障給を支払わなければなりません。この保障給の金額について労働基準法に規定はありませんが、平均賃金の6割以上が目安とされています。また、同時に前項の最低賃金を下回る賃金は無効となります。

6 割増賃金

労働者に法定の労働時間を超えて、時間外労働あるいは休日労働をさせた場合、使用者は割増賃金を支払わなければならないと労働基準法は規定しています。割増率は時間外労働が通常の賃金の25％以上、休日労働が35％以上です。

割増賃金の対象となるのは、法定の労働時間を超えた労働および休日の労働です。法定労働時間は1日8時間、週40時間（74ページ参照）ですから、それを下回る部分については割増賃金を支払う必要はありませんし、休日においても法定の休日は週1回（88ページ参照）ですので、それ以外の休日労働においては割増賃金を支払わなくてもよいことになります。つまり、通常労働時間が7時間の会社で1時間の時間外労働をした場合や、週休2日制の会社で法定外休日に労働をした場合などは割増賃金を支給する必要はありません。ただし、労働協約、就業規則において割増賃金を支払う定めがあれば、そちらを優先することになります。

割増賃金

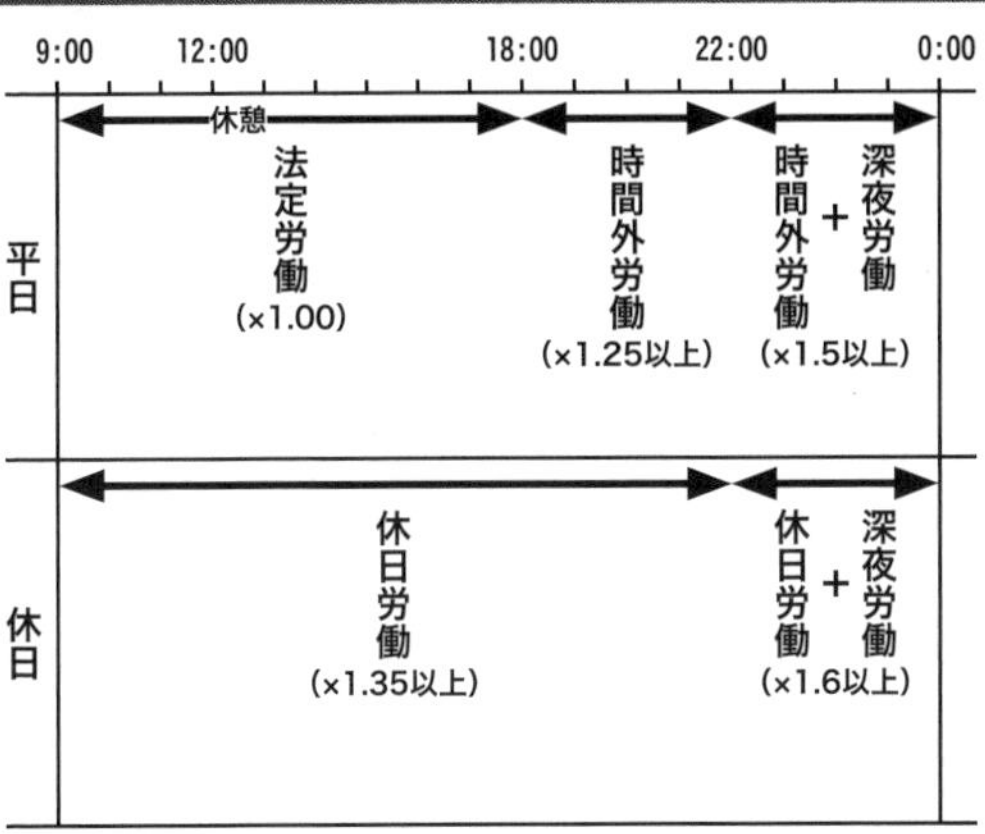

また、労働基準法は、深夜労働（午後10時〜午前5時）においては25％以上の割増賃金の支払を定めています。したがって、法定労働時間外の労働が深夜に及んだり、休日労働と深夜労働が重複した場合は、複数の割増賃金が合算して、それぞれ50％以上、60％以上となります。ただし、時間外労働と休日労働が重複しても深夜労働に該当しない限り、35％以上50％以下のままで差し支えないとされています。

この割増賃金の基礎となる賃金については、家族手当や通勤手当、別居手当、子女教育手当、住宅手当、臨時に支払われた賃金、1カ月を超える期間ごとに支払われる賃金は含まれないと規定されています。

7 賞与

52ページで解説したように、労働基準法は「賃金とは、賃金、給料、手当、賞与その他名称の如何を問わず、労働の対償として使用者が労働者に支払うすべてのものをいう」と定め、賞与（いわゆるボーナス）も法律上賃金であることが明確にされています。

ただし、ここで言う賞与とは、「定期または臨時に、労働者の勤務成績に応じて支払われるものであって、その支給額が予め確定していないものをいう」と通達され、これに該当しないものは名称の如何にかかわらず、賞与とはみなされません。

また、賞与はその性格から、賃金支払の5原則のうち、「毎月1回以上払いの原則」と「一定期日払いの原則」の適用除外とされており、また、平均賃金ならびに割増賃金の算定基礎賃金からも除外されています。

実際、多くの会社で賞与が支払われていますが、賞与の支払自体や支払基準、支給額、支給方法、支給期日、支給対象者については、本来は使用者の任意であり、就業規則など

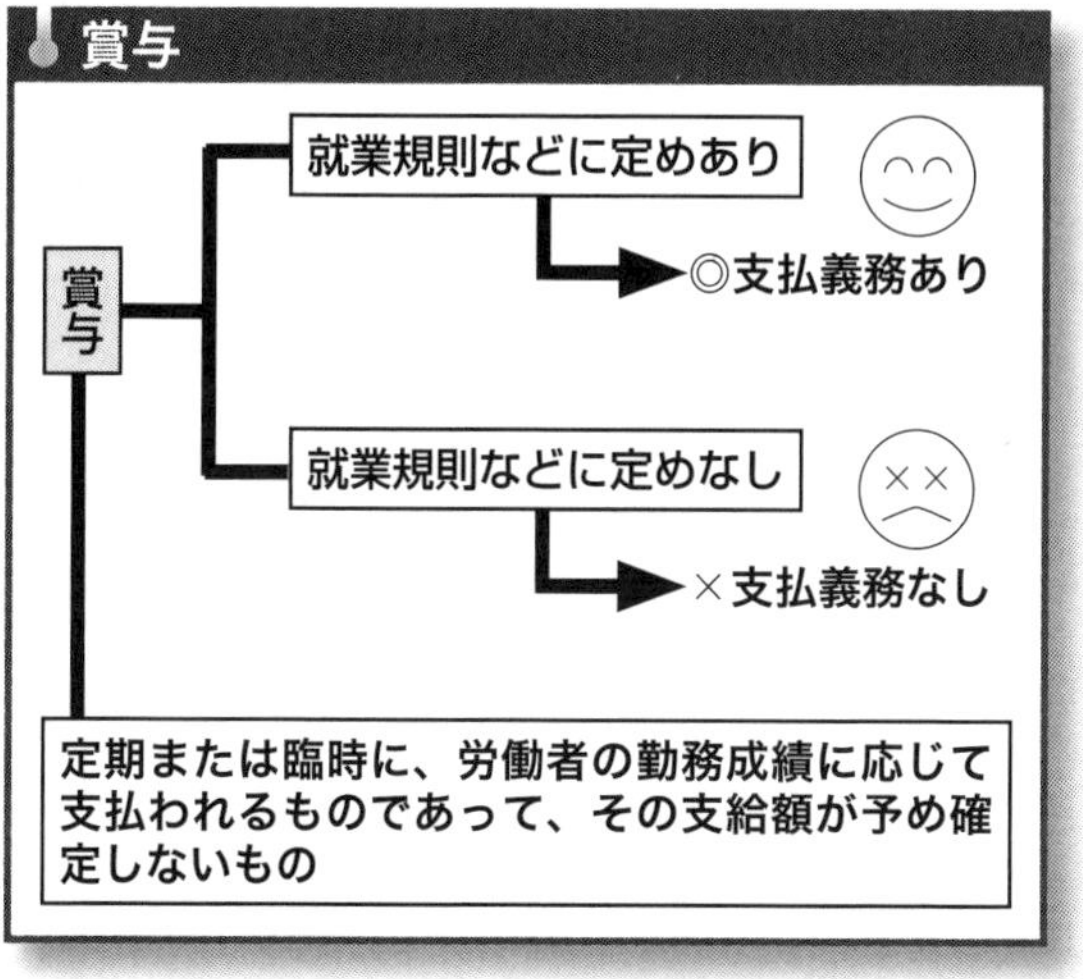
賞与
賞与
就業規則などに定めあり
◎支払義務あり
就業規則などに定めなし
×支払義務なし
定期または臨時に、労働者の勤務成績に応じて支払われるものであって、その支給額が予め確定しないもの

に定めがないかぎり、支払義務があるわけではありません。

また、会社によっては、就業規則において賞与の支給日に在籍していない労働者を賞与支給対象者から除外する規定を設けている場合があります。この場合、賞与支給日以前に退職した労働者は賞与をもらえなくなりますが、判例はこの規定を有効としています。

なお、賞与の算定にあたっては、使用者は、労働者が年次有給休暇を取得した日を欠勤または欠勤に準じて取り扱うこと、その他労働基準法上労働者の権利として認められている年次有給休暇の取得を制御するすべての不利益な取扱いはしないようにしなければならないとされています。

8 非常時払い・休業手当

労働基準法は、非常時払い・休業手当の原則を規定しています。

非常時払いとは、「使用者は、労働者が出産、疾病、災害その他厚生労働省令で定める非常の場合の費用に充てるために請求する場合においては、支払期日前であっても、既往の労働に対する賃金を支払わなければならない」と規定されている原則のことです。「非常の場合」とは、具体的に以下のようなケースを言います。

①労働者の収入によって生計を維持する者が出産し、疾病にかかり、または災害を受けた場合
②労働者またはその収入によって生計を維持する者が結婚し、または死亡した場合
③労働者またはその収入によって生計を維持する者がやむを得ない事由により、1週間以上にわたって帰郷する場合

また、休業手当とは労働基準法で「使用者の責に帰すべき事由による休業の場合においい

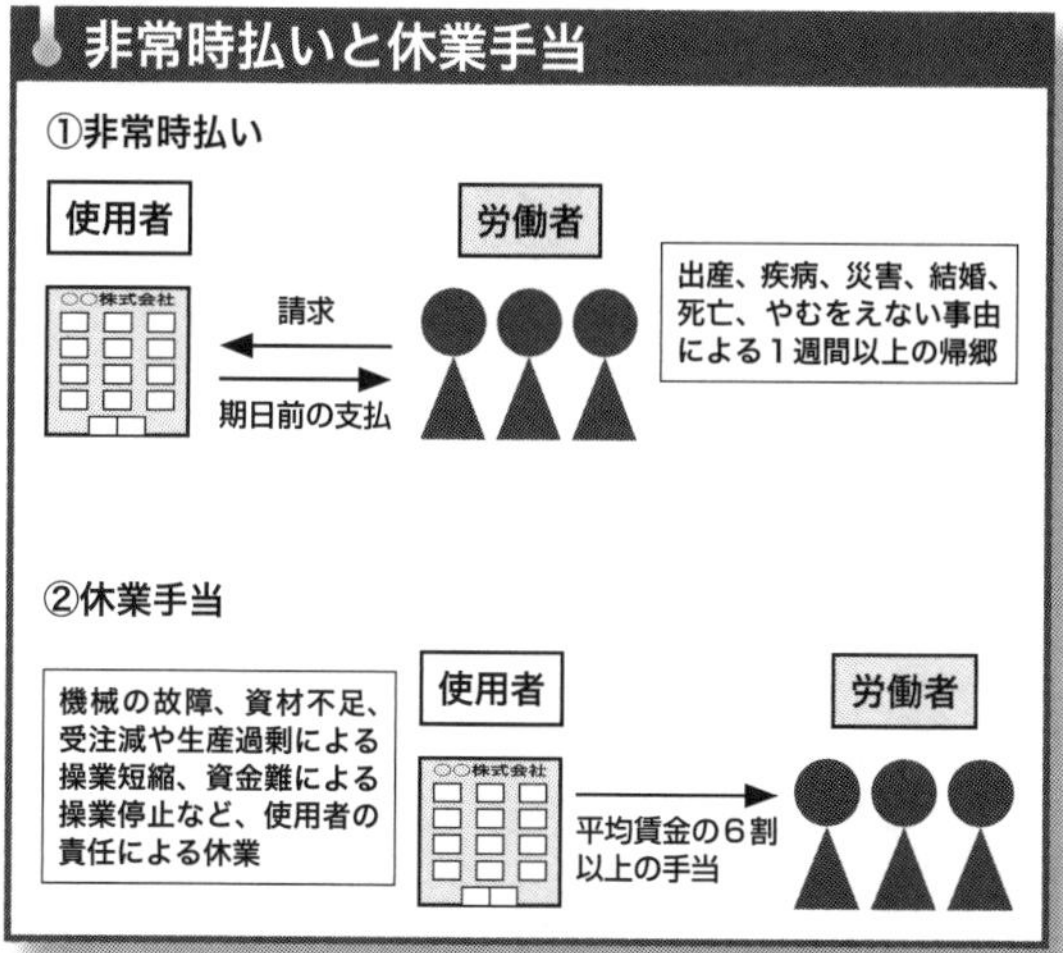

ては、使用者は、休業期間中当該労働者に、その平均賃金の１００分の60以上の手当を支払わなければならない」と規定されている原則のことです。

「使用者の責に帰すべき事由」とは、たとえば、親会社の経営難により下請工場が資材資金を獲得できず休業した場合や、一部の労働者のストライキで残りの労働者を就業せしめることが可能であったにもかかわらず使用者がこれを拒否した場合などを指します。ただし、自然現象による休電が原因の休業や、労働安全衛生法の規定による健康診断の結果にもとづいて休業を命じたり、労働時間を短縮して労働させた場合は休業手当を支払わなくてもよいことになっています。

9 減給

使用者は就業規則上に制裁に関する規定を定めることができます。たとえば、労働者が無断欠勤や無断遅刻をした場合などに制裁を課すことができます。

ただし、労働基準法は、制裁による賃金の減給については、労働者の生活を脅かす可能性があることから、無制限に行ってはならない旨を次のように規定しています。

まず、1回の減給の額は平均賃金の1日分の半分を超えてはなりません。たとえば、1回の遅刻や欠勤などに対する減給として、丸々1日分の賃金を支払わないような規定を設けることは認められません。

次に、減給の総額は一賃金支払期間における賃金の総額の10分の1を超えてはなりません。たとえば、月給制で働く労働者であれば、毎月の賃金総額の1割以上を減給するような規定を設けることは認められません。

もっとも、遅刻や早退、あるいは欠勤などで、労働者が労働契約上定められた労務を提

減給の上限は法律で決められています

供しない場合に、使用者が遅刻や早退、欠勤により働かなかった分だけ賃金からカット（控除）することは制裁とは見なされず、就業規則や給与規定にあらかじめ定めがあれば認められます。

逆に、労働者が遅刻や早退、欠勤した時間以上に、使用者が賃金をカットした場合は、制裁的意味を持ちますので、前述の労働基準法の制限を受けることになります。したがって、たとえば1日の無断欠勤について、使用者が3日分の減給を行った場合、制裁としての意味を持つ2日分の賃金カットが労働基準法の規制対象となり、その金額は欠勤1日分をカットした賃金総額の10分の1を超えてはなりません。

10 未払賃金

労働契約や就業規則で定められた賃金を所定の支払日に支払わなかった場合、使用者は労働基準法に違反することになります。この未払賃金には定期賃金のほか、退職金（就業規則などに定めのある場合）や一時金、休業手当、割増賃金などが含まれます。

未払賃金が発生した場合、使用者は遅延損害金として年6％の利息をつけて支払わなくてはなりません。また、退職した労働者の場合は、退職日までに賃金が支払われなければ、遅延利息として年14・6％の利息をつけなくてはなりません。

また、会社が倒産したとき、労働債権は最も優先度が高い債権として保護されますが、会社に十分な資産が残っていなかったり、資産を担保にとられていて、労働者に未払いの賃金や退職金が支払われないことがあります。このような場合、「賃金の支払の確保等に関する法律」によって、労働者からの請求があった場合に、国が事業主に代わって原則として未払賃金の8割以上を立替払する制度があります（ただし、金額に上限あり　※次

未払賃金の立替払制度の上限

退職日の年齢	未払賃金の限度額	立替払の上限額
45歳以上	370万円	296万円
30歳以上 45歳未満	220万円	176万円
30歳未満	110万円	88万円

ページの表参照)。

この立替払制度は、倒産による法的な手続き(破産、特別清算、会社整理、民事再生、会社更生)が始まっていれば裁判所などの証明書をとり、夜逃げなどで事業活動がストップして再開の見込みがない場合は労働基準監督署長による認定をとることが必要です。

また、立替払の請求ができるのは、労災保険の適用事業で1年以上事業活動をしてきた会社で雇われてきて、倒産の6カ月前の日から2年の間に退職した労働者であることが要件となります。

なお、退職手当を除く賃金の請求権は2年間、退職手当の請求権は5年間の短期消滅時効が定められています。

第4章 労働時間・休日・休憩

1 法定労働時間と所定労働時間

労働基準法は、使用者は原則として「労働者に休憩時間を除き1日につき8時間、1週間につき40時間を超えて、労働させてはならない」と上限を定めています。この「週40時間、1日8時間」の原則を「法定労働時間」と言います。たとえば、月曜日から金曜日までの5日間に毎日8時間働けば合計40時間になり、法定労働時間を満たすことになります。

法定労働時間は実労働時間で算定します。つまり、出勤を命じられ一定の場所に拘束されている場合、準備や片づけ、手待ち時間なども含まれますが、休憩時間は含まれません。

また、「1日8時間」は継続勤務で日をまたいだ場合でも一勤務として取り扱います。たとえば、午後9時から始業、翌日の午前6時に終業し、休憩を1時間とった場合、労働時間は8時間となり、始業時刻の属する日の労働として扱われます。

法定労働時間を超えて労働させる場合、次項で説明する36協定の手続きをとらなければ、使用者には懲役6カ月以下、罰金30万円以上の罰則が科せられます。ただし、一部の業種

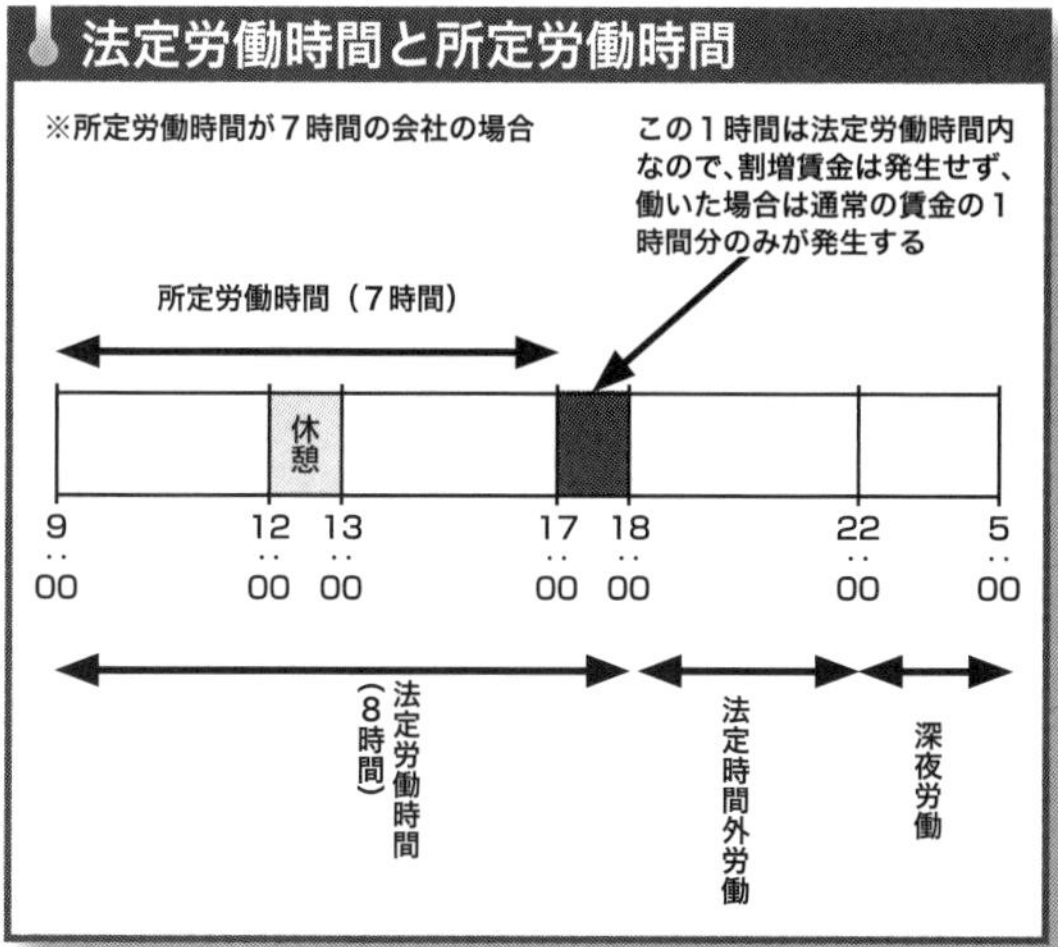

においては、この法定労働時間の特例として、「週44時間」が認められています。

なお、使用者は始業時間や終業時間、休憩時間を絶対的必要記載事項として就業規則に明記しなければなりませんが、この労働契約上の労働時間を「所定労働時間」と言い、法定労働時間の範囲内であれば、使用者が任意に定めることができます。たとえば、午前9時始業で午後5時終業、休憩1時間の場合、労働者は所定労働時間の7時間だけ働けば労働契約上の義務を果たしたことになりますが、午後6時まで働いたとしても法定労働時間の範囲内なので、その1時間は割増賃金25%増しの対象となる時間外労働とはならないことに注意しましょう。

2 時間外労働・休日労働

労働者に法定労働時間を超えて労働（時間外労働）させる場合、あるいは法定休日に労働させる場合、使用者は、事業場に労働者の過半数で組織する労働組合がある場合はその労働組合、その他の場合は労働者の過半数を代表する者との間に書面による労使協定を締結し、これを事業所単位で労働基準監督署に届け出なくてはなりません。この労使協定は労働基準法第36条に基づくものであることから、36（サブロク）協定と呼ばれます。

36協定で協定すべき事項としては、①時間外または休日労働を必要とする具体的事由、②業務の種類、③労働者の数、④1日および1日を超える一定期間についての延長時間または労働させることができる休日、⑤協定の有効期間、があります。

36協定は労働組合との間で定めた労働協約に該当する場合は有効期間を3年までとすることができますが、一般的には1年とすることが望ましいとされます。また、36協定はいわゆる免罰効力なので、実際に時間外・休日労働をさせるためには、別途労働契約や就業

延長時間の限度基準

期間	一般労働者（右の欄以外の労働者）	1年単位の変形労働時間制の対象労働者（期間3ヵ月超）
1週間	15時間	14時間
2週間	27時間	25時間
4週間	43時間	40時間
1ヵ月	45時間	42時間
2ヵ月	81時間	75時間
3ヵ月	120時間	110時間
1年間	360時間	320時間

規則で「時間外・休日労働を命ずることがある」旨を定めておくことが必要です。

また、36協定は時間外労働を無制限に認めるものではありません。上の図のように限度基準が設けられており、この限度基準を超えた時間外労働は違法となってしまいます。ただし、特定の事業・業務においては限度基準が適用されない場合があります。たとえば、坑内労働やその他厚生労働省令で定める健康上特に有害な業務の労働時間の延長は、1日について2時間を超えてはなりません。

なお、災害など臨時の必要があるときは、使用者は36協定がなくても、行政官庁の許可を受けて、その必要の限度において時間外労働や休日労働をさせることができます。

3 特殊な労働時間制度① 変形労働時間制

変形労働時間制とは、一定の要件を満たす場合に法定労働時間の「1日8時間、週40時間の原則」を超えても法律に違反しないとする制度です。

変形労働時間制は、時間帯や時期によって業務の繁閑が激しい業種や交代制勤務が必要な業種に認められます。つまり、忙しい時期には法定労働時間より長く労働してもらう代わりに、そうでない時期に法定労働時間より短く働いてもらって、結果的に一定期間の1週あたり平均労働時間が40時間以内に収まれば、1日の労働時間が8時間を超える日があっても違法にならず、割増賃金を払う必要もありません。

変形労働時間制は期間の長さにより、以下の3種類に分けられます。

①1カ月単位の変形労働時間制

1カ月以内の一定期間における1週あたり平均労働時間が40時間以内であれば、特定の週や日について法定労働時間を超えて労働させても構わないという制度です。

変形労働時間制

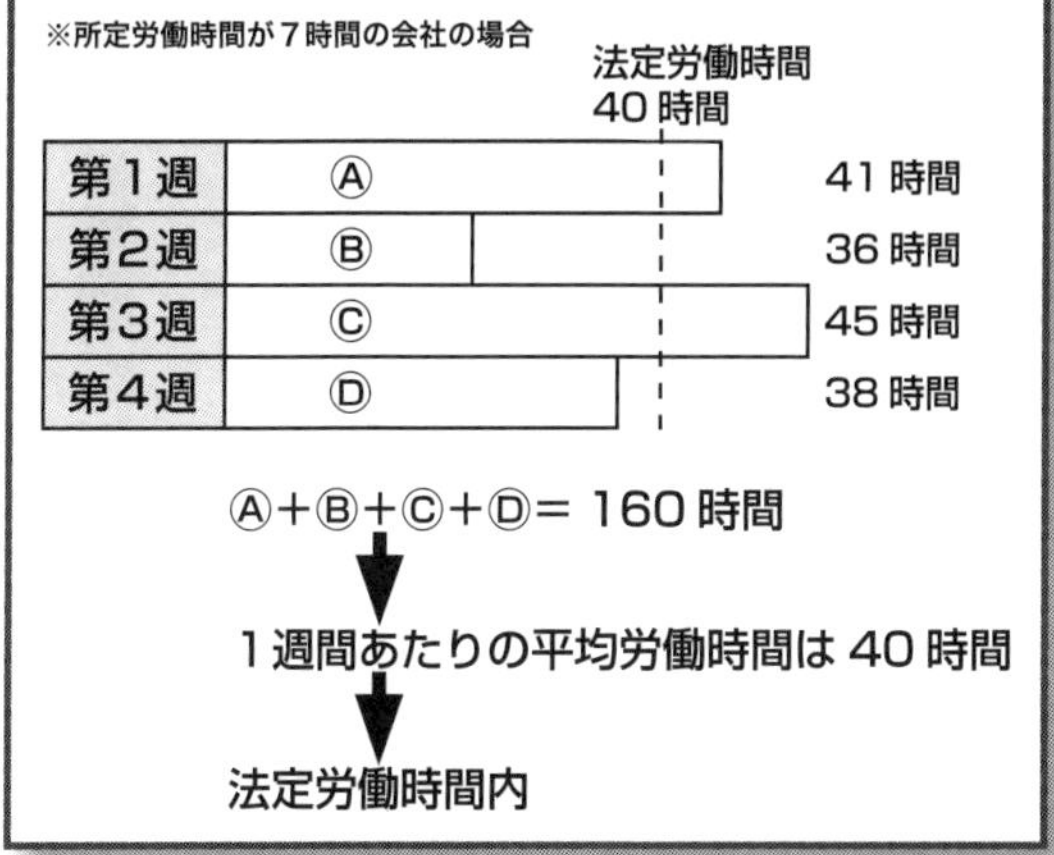

②１年単位の変形労働時間制

１カ月を超え1年以内の一定期間における1週あたり平均労働時間が40時間以内であれば、特定の週や日について法定労働時間を超えて労働させても構わないという制度です。

③フレックスタイム制

１カ月以内の一定期間における総労働時間の範囲内で自由に勤務時間を決められる制度です。事項で詳しく説明します。

④１週間単位の非定型的変形労働時間制

１週間の労働時間が40時間以内であれば、1日10時間を上限に労働させても構わないという制度です。他の変形労働時間制とは異なり、規模30人未満の小売業、旅館、料理店、飲食店のみ利用可能です。

4 特殊な労働時間制度② フレックスタイム制

フレックスタイム制とは、労働者が1カ月以内の一定期間（清算期間）における総所定労働時間を使用者と契約し、その範囲内で自由に始業・終業時刻を決められる制度です。

フレックスタイム制は前項で説明した変形労働時間制の一種でありますが、始業・終業時間を自由に決められるという点で、労働者の拘束がより緩やかな制度です。また、変形労働時間制の場合、労使協定を労働基準監督署に届出しなければなりませんが、フレックスタイム制の場合は労働基準監督署への届出は不要です。

フレックスタイム制の導入にあたっては、労働者代表との書面による労使協定を締結し、以下の事項を就業規則などで定める必要があります。

・始業時刻および終業時刻の決定は労働者本人に委ねること
・フレックスタイム制の対象となる労働者の範囲
・1カ月以内の一定期間（清算期間）とその起算日

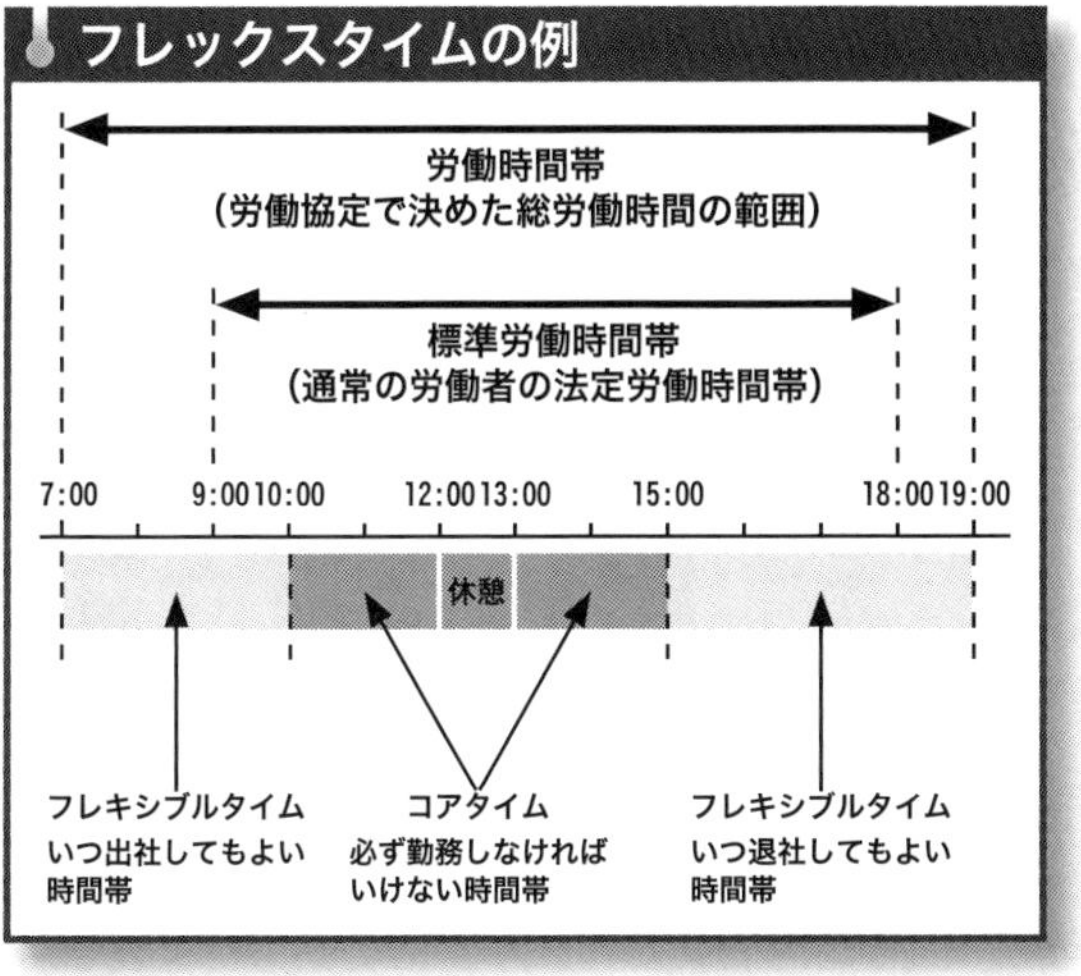

・清算期間における総所定労働時間
・標準となる１日の労働時間
・コアタイム（労働者が必ず働かなければならない時間帯）を設ける場合はその開始・終了時間
・フレキシブルタイム（労働者が自分の選択で労働することができる時間帯）を設ける場合はその開始・終了時刻

なお、フレックスタイムを採用している場合でも、清算期間における総労働時間の１週あたりの平均は法定労働時間（週40時間）を超えてはなりません。超えた分の時間は割増賃金の対象となります。

5 特殊な労働時間制度③　みなし労働時間制

見なし労働時間制とは、外回りの営業マンや新聞・雑誌の記者、そのほか在宅勤務者のように、事業所以外の場所で業務に従事するなど、使用者にとって労働者の実際労働時間の把握が困難である場合に、労使が予め定めた労働時間をもって、実際の労働時間とみなす制度です。

したがって、みなし労働時間制を導入した場合、みなし労働時間が8時間とすれば、実際の労働時間が7時間でも9時間でも、8時間働いたとみなされることになります。

ただし、事業所以外での労働であっても、訪問先や帰社時間などについて具体的な指示を受けていたり、携帯電話などで会社から常時指示を受けて働くような場合は、会社が労働時間を把握することができるので、このみなし労働時間制の対象とはなりません。

また、一部の時間のみ事業所外で働く場合は、「事業場外でのみなし時間」と「事業所内の労働時間」の合計が労使の所定労働時間以内であれば、事業場内の労働時間を含めて

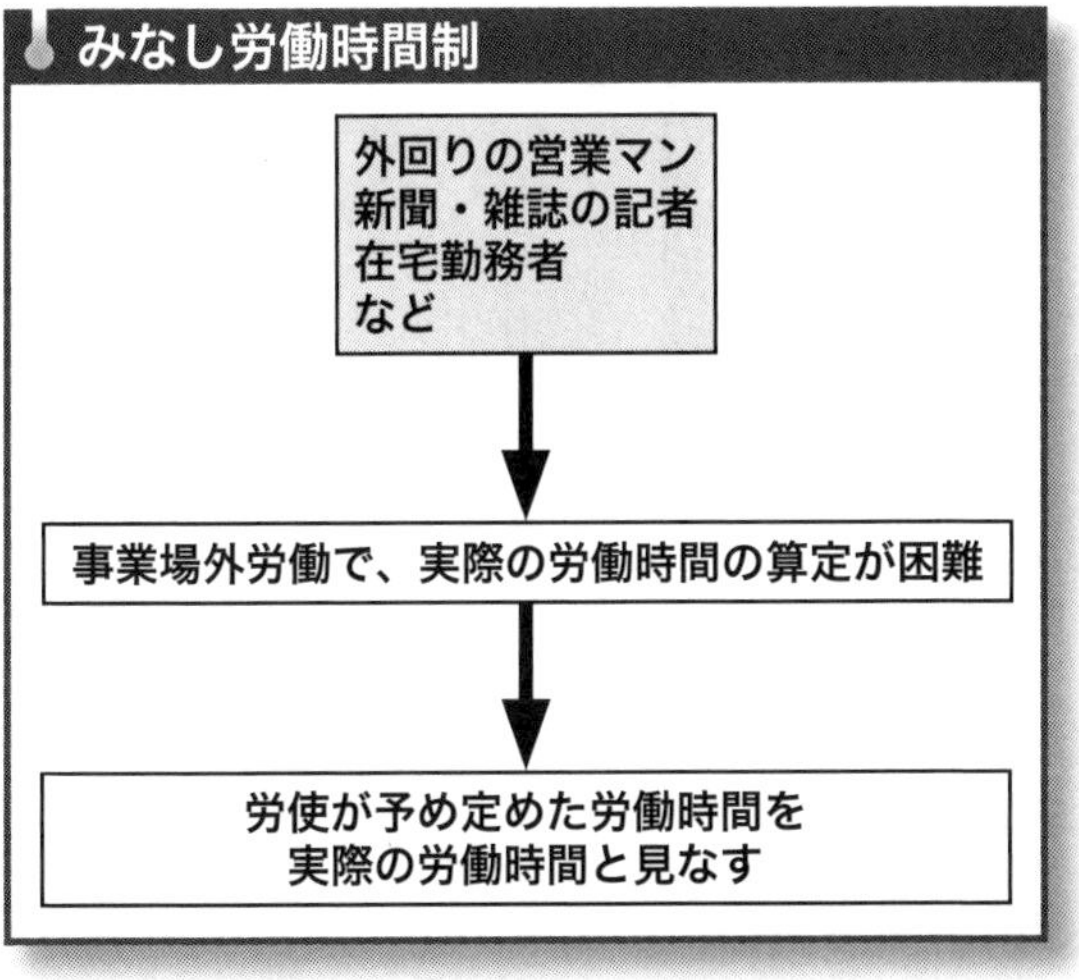

所定労働時間働いたことになりますが、所定労働時間を超えた場合は、「みなし時間」と「事業場外の労働時間」となり、みなし労働時間が法定労働時間を超えている場合や、休日労働や深夜労働に該当する場合については割増賃金の対象となります。

たとえば、所定労働時間が8時間で、事業場内での労働時間が3時間の場合は、みなし時間が5時間以内であれば所定労働時間働いたことになりますが、みなし時間が6時間の場合、事業場内労働時間3時間を加えた9時間が労働時間となり、法定労働時間8時間を超えた1時間が割増賃金の対象となります。

なお、次項で説明する「裁量労働制」もみなし労働時間制と同じ形態です。

6 特殊な労働時間制度④　裁量労働制

業務の性質上その遂行の方法を大幅に労働者の裁量に委ねる必要がある職種について、実労働時間ではなく、労使が予め協定によって定めた時間を労働時間とみなす制度です。ただし、休憩や休日については労働基準法に規定に従って付与され、休日労働や深夜労働についても割増賃金が支払わなければなりません。

裁量労働制は、対象となる業務によって、以下の2種類に分けることができます。

①専門業務型裁量労働制度

デザイナーやコピーライターのようなクリエイティブな仕事、研究開発職、マスコミ、弁護士など、厚生労働省令や厚生労働大臣告示で定められた業務についてのみ認められます。この制度を導入するにあたっては、労使協定で対象業務や1日あたりのみなし労働時間数、労働時間の把握方法と健康・福祉確保のための措置、苦情処理措置、有効期間などを定めて、労働基準監督署に届け出なくてはなりません。

専門業務型裁量労働制の対象となる業務

①新商品、新技術の研究開発または人文科学・自然科学に関する研究
②情報処理システムの分析または設計
③新聞・出版・放送番組の取材・編集
④衣服・室内装飾・工業製品・広告などのデザイン
⑤放送番組・映画などの製作におけるプロデューサーやディレクター
⑥コピーライター、
⑦システムコンサルタント
⑧インテリアコーディネーター
⑨ゲームソフトの創作
⑩証券アナリスト
⑪金融商品の開発
⑫大学における教授・研究
⑬公認会計士、弁護士、建築士、不動産鑑定士、弁理士、税理士、中小企業診断士

②企画業務型裁量労働制度

企業の調査部や企画室などで事業戦略の策定や企画、立案、調査、分析の業務に携わる一般（専門家ではない）のホワイトカラー労働者について認められます。

この制度の導入には前述の専門業務型裁量労働制度より厳格な手続きが必要です。

まず労使双方の代表からなる労使委員会を設置した上で、対象業務や対象労働者の範囲、1日あたりのみなし労働時間、健康・福祉確保のための措置、対象労働者の苦情処理の措置、有効期間などを審議し、5分の4以上の多数による決議があった上で、それを労働基準監督署に届出しなければなりません。

7 休憩

使用者は、1日の所定労働時間が6時間を超える場合においては少なくとも45分、8時間を超える場合においては少なくとも1時間の休憩時間を、労働時間の途中で労働者に与えなければなりません。

休憩時間は、労働者が権利として労働から離れることを保障されている時間です。したがって、単なる手待ち時間は休憩時間にはあたりません。したがって、たとえば、休憩時間中に電話番を命じられた場合、その間に一度も電話がかかって来なかったとしても、その時間は労働したものとみなされ、別途休憩時間を与えられる権利があります。

さらに、休憩時間には次の2つの原則があります。

①一斉に付与すること

休憩は全労働者に対して一斉に与えることが原則です。とはいえ、すべての労働者が一度に休憩をとると業種によっては業務に支障を来すことも考えられますので、以下のよう

休憩時間の原則

1日の労働時間	休憩時間
6時間以下の場合	与えなくてもよい
6時間を超えた場合	少なくとも45分
8時間を超えた場合	少なくとも1時間

原則
①一斉に与えること
②自由に利用させること

なケースにおいては一斉ではなく、交代などで休憩をとらせることができます。

・サービス業（運輸交通業、商業、金融・広告業、保健衛生業、接客娯楽業、映画・演劇業、通信業、公務など）の場合

・労使協定で一斉付与しない旨を定めた場合（ただし年少者を除く）

②自由に利用させること

休憩時間をどうすごすかについては労働者の自由であり、使用者が規定することはできません。ただし、職場の規律を保持するために必要な合理的な制限（例　飲酒の禁止、他の労働者の休憩を妨げるような行為の禁止など）を加えることは違法とはならないとされます。

8 休日・休暇

休日とは労働契約において労働者が労働する義務を一切負わない日です。これに対し、休暇とは労働義務のある日でも労働義務が免除された日のことを言います。

使用者は、毎週少なくとも1日以上の休日を労働者に与えなくてはなりません（週休制）。例外として、4週間で4日以上の休日を与えることも認められていますが、週休制が原則です。そして、これら法律で保障された休日を**法定休日**と言います。

もっとも、法定労働時間として「1日8時間、週40時間以内」という上限があり、1日の所定労働時間が週8時間の会社の場合、月曜日から金曜日までの5日間で40時間になってしまうため、週休2日制をとっている会社がほとんどです。ただし、1日の所定労働時間を7時間にしている会社であれば、月曜日から金曜日までの5日間で35時間になり、法定労働時間まであと5時間残っているので、土曜日に5時間働かせても、日曜日を法定休日にすれば法律上問題はありません。

法定休日と法定外休日

※完全週休2日制の会社の場合

月	火	水	木	金	土	日
8時間	8時間	8時間	8時間	8時間	法定外休日	法定休日

法定休日＝労働基準法で保証された休日
法定外休日＝就業規則などで労使が自主的に決めた休日

法定休日は土曜日や日曜日、祝祭日にする必要はありません。現実にサービス業では土日に労働し、平日を休日にしている会社がたくさんあります。また、法定休日週1日と法定労働時間週40時間を守ってさえいれば、法律上の問題はなく、祝祭日を会社の休日にしたり、お盆休みや正月休みを設けることは会社の任意となっています。

なお、週休2日制の会社の場合、法定休日以外の休日を法定外休日（または所定休日）と言います。週休2日制で土日が休みの会社が日曜日を法定休日とした場合、土曜日が法定外休日となるわけです。いつを法定休日や法定外休日にするかは労使が就業規則などで自主的に決定します。

9 休日出勤と代休・振替休日

休日労働した場合に労働者に35％の割増賃金が支払われることは62ページですでに説明したとおりですが、これが適用されるのは法定休日に出勤した場合です。

一方、法定外休日に出勤した場合は、その週の法定労働時間80時間を超えた部分について、時間外労働として25％の割増賃金が支払われることになります。

ところで、休日出勤した後、別の日を代わりに休むことがあります。「代休」とか「振替休日」と言われるものですが、両者の間には大きな違いがあるので気をつけましょう。

代休とは、休日に労働させた後、別の日に休ませることを言います。この場合、休日に労働したという事実には変わりはないので、休日出勤扱いになり、さらにそれが法定休日であった場合は休日労働に対する割増賃金の対象となります。したがって、当然36協定の締結も必要です。

これに対して、振替休日とは、休日を他の勤務日とあらかじめ交換することを言います。

振替休日と代休の違い

	振替休日	代休
意味	あらかじめ定めてある休日を、事前に手続して他の労働日と交換すること。休日労働にはならない。	休日に労働させ、事後に代わりの休日を与えること。休日労働の事実は変らず、帳消しにはならない。
要件	(1)就業規則等に振替休日の規定をする (2)振替日を事前に特定 (3)振替日は4週の範囲内 (4)遅くとも前日の勤務時間終了までに通知	特になし。ただし、制度として行う場合、就業規則等に具体的に記載が必要（代休を付与する条件、賃金の取り扱い等）。
賃金	同一週内で振り替えた場合、通常の賃金の支払でよい。週をまたがって振り替えた結果、週法定労働時間を超えた場合は、時間外労働に対する割増賃金の支払が必要。	休日労働の事実は消えないので、休日労働に対する割増賃金の支払いが必要。代休日を有給とするか無給とするかは、就業規則等の規定による。

この場合は休日を交換しているだけなので、休日労働扱いにはならず、出勤した日が法定休日であっても割増賃金の対象とはなりません。ただし、休日を翌週に振り替えた場合に、休日出勤した週の総労働時間が法定労働時間40時間を超えることになったときは、超えた部分の労働時間について時間外労働に対する割増賃金の対象となります。また、就業規則に予め振替休日の規定を設けておく必要があります。

なお、社員旅行の場合、その中に研修やミーティングなど会社の業務に必要な行事が含まれていれば休日労働扱いになりますが、単なる慰安目的の遊びで行く場合は休日労働とは見なされません。

10 年次有給休暇

年次有給休暇（年休）とは、勤続年数に応じて労働者に与えられる一定日数の有給休暇です。週の所定労働日数が5〜6日の場合、入社後6カ月間継続勤務し、全労働日数の8割以上を出勤した労働者に対して、使用者は10日間の有給休暇を与えなければなりません。

ここで言う全労働日数とは、労働契約上労働義務の課せられている日のことを言い、労働者が業務上の負傷または疾病で療養のために休業した期間、および育児休業や介護休業の期間、女性の産前産後休業期間、年次有給休暇を取得した日は出勤したものとみなされます。ただし、生理休暇や慶弔休暇については、使用者ないし労使当事者がその性質を定めることができるものなので、出勤率の算定にあたり欠勤として取り扱うこともできます。

また、パートタイム労働者でも、①週所定労働時間が30時間以上、②週所定労働日数が5日以上、③1年間の所定労働日数が217日以上、のいずれかに該当し、入社後6カ月間継続勤務し、全労働日数の8割出勤していれば、正社員と同じ日数の有給休暇が与えら

年次有給休暇の日数

	週の所定労働日数	5日以上	4日	3日	2日	1日
	1年間の所定労働日数	217日以上	169～216日	121～168日	73～120日	48～72日
勤続期間	6カ月	10日	7日	5日	3日	1日
	1年6カ月	11日	8日	6日	4日	2日
	2年6カ月	12日	9日	6日	4日	2日
	3年6カ月	14日	10日	8日	5日	2日
	4年6カ月	16日	12日	9日	6日	3日
	5年6カ月	18日	13日	10日	6日	3日
	6年6カ月以上	20日	15日	11日	7日	3日

れ、それ以下の場合でも、一定の年次有給休暇は与えられます。

労働者は有給休暇を使用者の承認を得ずに取ることができます。ただし、使用者には事業の正常な運営を妨げる場合においては、他の時季に変更させることが認められています。

また、労働者が有給休暇をどのような目的に利用するかは、まったく自由とされています。そして、有給休暇を取得した労働者に対する不利益な取り扱いは認められません。

ただし、年次有給休暇の請求権の時効は2年で、時効の切れた有給休暇は消滅します。年度内に消化しきれなかった有給休暇を次年度に繰り越すことはできますが、有給休暇の買い上げは認められません。

11 育児休業・看護休暇

前項で説明した有給休暇とは別に、1歳未満の子（養子を含む）を養育している労働者（パートタイム労働者や有期労働契約者も含む）には、男女を問わず、次のような制度があります。

①育児休業制度

労働者が使用者に申し出ることによって、子が1歳に達するまでの間、希望する期間に育児休業を取得することができます（ただし、1カ月前までに申請しなければならない）。また、子が1歳になった時点で、労働者やその配偶者が育児休業していて、保育所などに空きがなくて預け先がないなどの場合は、育児休業期間を1年半まで延長することができます。

ただし、労使協定で次のような労働者は対象外とすることができます。

・続けて雇用された期間が1年未満の者

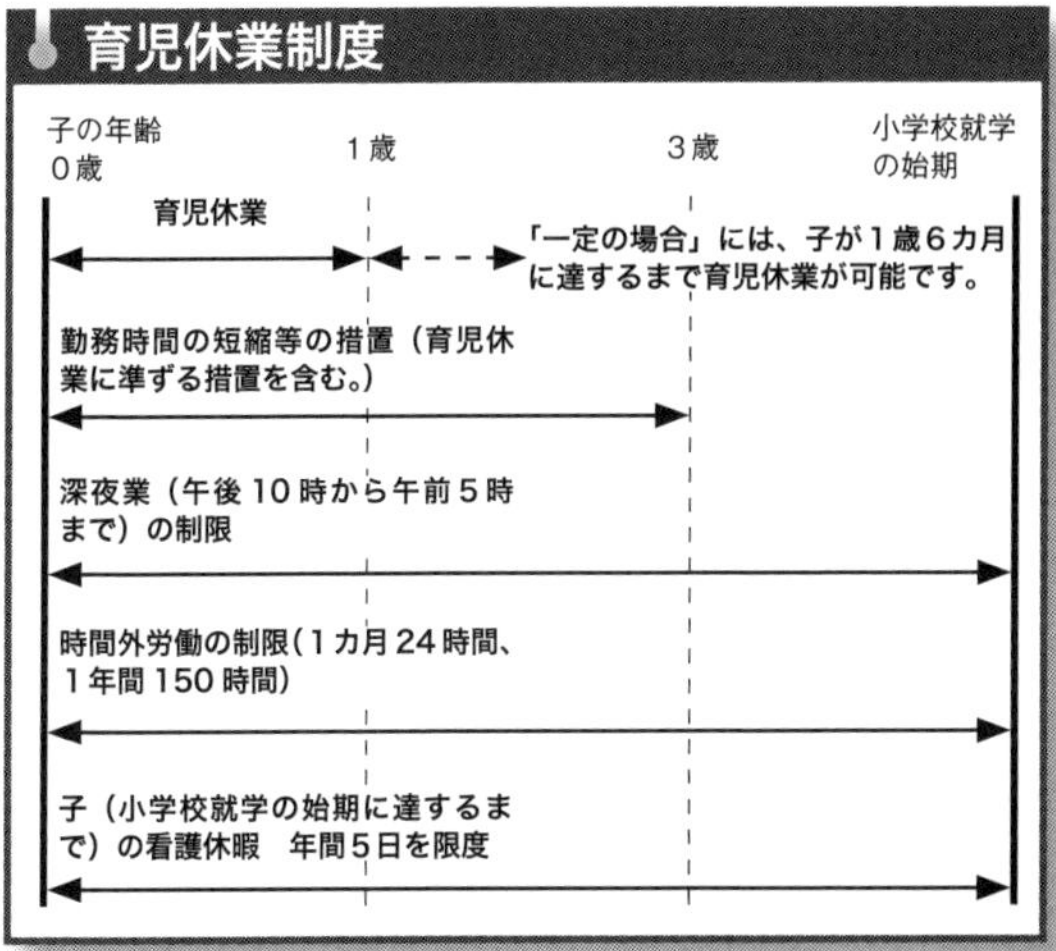

・配偶者（内縁も含む）が子育てできる場合
・育児休業の申出の日から1年以内に雇用関係が終了することが明らかな者
・1週間の所定労働日数が週2日以下の者

②看護休暇

小学校入学前の子を養育する労働者は、病気やケガをした子を看護するために、1年に5日まで、看護休暇の取得を使用者に申請することができます。

ただし、労使協定を結んだ場合、以下の労働者は対象外とすることができます。

・勤続6カ月未満の者
・週の所定労働日数が2日以下の者

12 介護休業制度

労働者（パートタイム労働者や有期労働契約者を含む）は、要介護状態にある家族を介護するために、介護休業の取得を使用者に申請することができます。

「要介護状態」とは、負傷・疾病や身体・精神の障害によって、2週間以上にわたって常時介護が必要な状態を言います。判断基準としては、日常生活動作事項（歩行、排泄、食事、入浴、着脱衣）のうち、全部介助が1項目以上、一部介助が2項目以上あること、あるいは問題行動（攻撃的行為、自傷行為、火の扱い、徘徊、不穏興奮、不潔行為、失禁など）のうち中度以上の該当項目が1項目以上あり、その状態が継続していることが挙げられます。

また、要介護状態の「家族」とは申請労働者の配偶者（事実婚も含む）、父母・配偶者の父母、子、同居して扶養している祖父母・兄弟姉妹・孫までを指します。そして、介護休業の期間は、対象家族1人につき、要介護状態になるごとに1回、通算して93日までが

介護休業制度

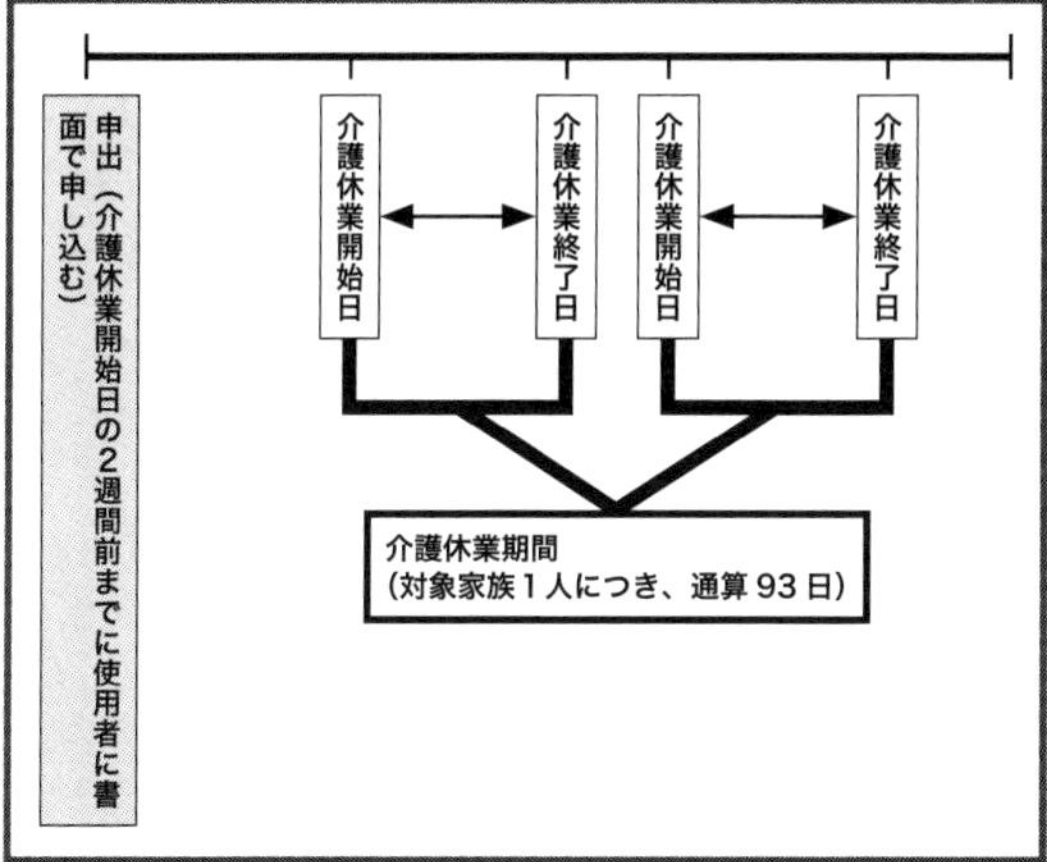

限度です。

介護休業の申請は原則として、休業開始予定日の2週間前までに使用者に対して書面で行います。ただし、労使協定を締結すれば、以下の労働者は対象から除かれます。

・続けて雇用された期間が1年未満の者
・休業申出日から93日以内に雇用関係が終了することが明らかな者
・1週間の所定労働日数が2日以下の者

なお、使用者は介護休養期間中の賃金を労働者に支払う義務はありません。その場合、雇用保険の一般被保険者で一定の条件を満たしていれば、介護休業給付金として、休業1カ月あたり休業前賃金の40％が支給されます。

13 時間外労働と深夜労働の制限

小学校入学前の子を養育している労働者、または要介護状態にある家族の介護を行っている労働者から請求があった場合、使用者は事業の正常な運営を妨げる場合を除いて、時間外労働や深夜労働を制限しなければなりません。

①時間外労働の制限

1カ月について24時間、1年について150時間を超える時間外労働をさせてはなりません。ただし、以下の場合は対象外となります。

・継続雇用期間が1年未満の者
・育児の場合、子の養育ができる配偶者（内縁を含む）がいる者
・1週間の所定労働日数が2日以下の者

②深夜労働の制限

午後10時から午前5時の間に労働をさせてはなりません。ただし、以下の場合は対象外

子供を養育している労働者には時間外労働や深夜労働が制限されます

となります。

・継続雇用期間が1年未満の者
・深夜に育児、介護のできる同居家族がいる者
・1週間の所定労働日数が2日以下の者、あるいは所定労働時間の全部が深夜である者

時間外労働や深夜労働の制限を請求する場合、労働者は制限される期間の開始および終了の日を明らかにして、制限開始予定日の1カ月前までに申し出なければなりません。請求は1回につき、1カ月以上1年以内（深夜労働の制限は6カ月以内）とされます。

14 女性への特別な配慮①

以下に説明するのは特に女性労働者に対して保証されている休暇・休業制度です。

①生理休暇

生理日の就業が著しく困難な女性から使用者に請求があった場合、使用者は休暇を与えなければなりません。「就業が著しく困難」とは、強度の下腹痛、腰痛、頭痛などにより、業務が困難な状態を言いますが、請求にあたっては、医師の診断書などの証明がなくても、同僚の証言程度の証明で足りるとされます。また、生理休暇の請求を受けた使用者は、日数の制限なく、休暇を与える必要があります。生理休暇はパートタイム労働者や派遣社員であっても請求することができます。ただし、休暇中の賃金については、労働契約や労働協約、就業規則などで、有給か無給かを決めることができます。

②産前産後休業

出産の前後の期間に認められている休業制度です。

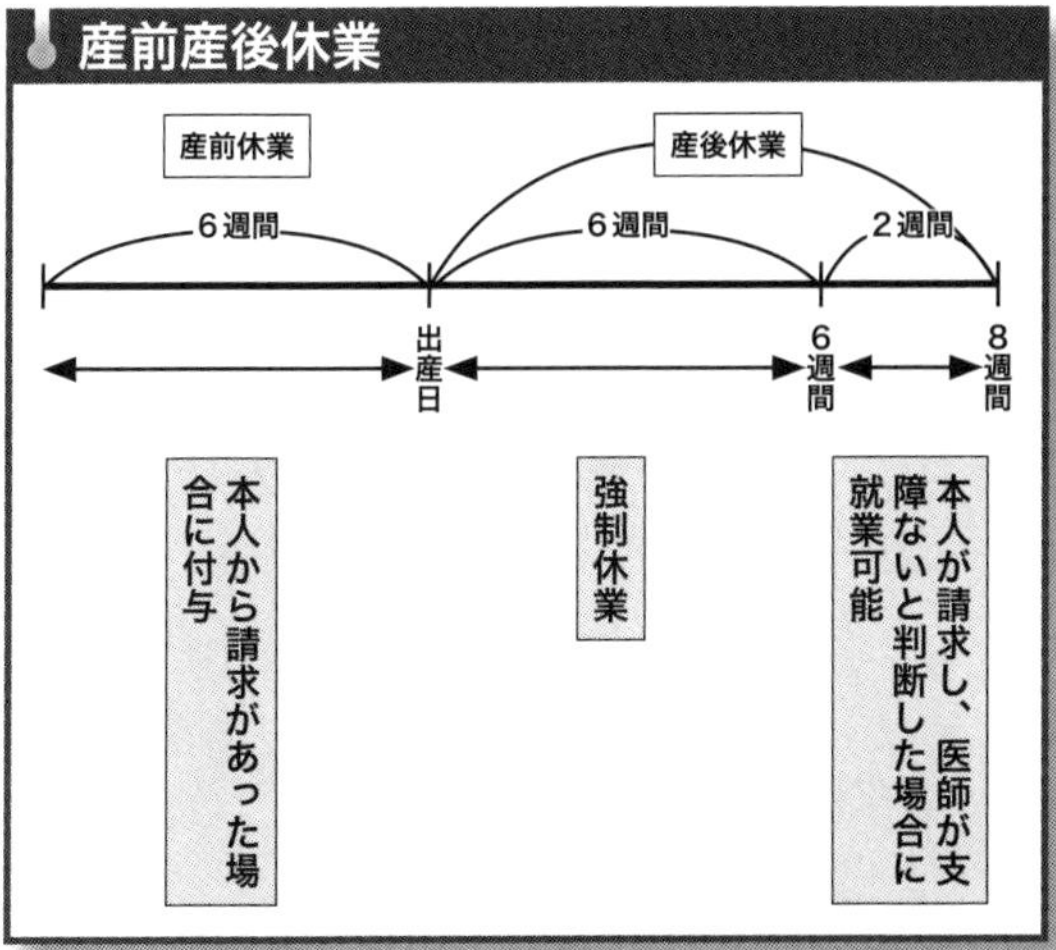

・産前休業……6週間（双子以上の多胎妊娠の場合は14週間）以内に出産する予定の女性から請求があった場合、使用者は休業させなくてはなりません。出産が予定日より遅れた場合は遅れた期間も産前休業とみなします。

・産後休業……産後8週間以内の女性を使用者は就業させてはなりません。ただし、本人の申請と医師の承諾があった場合、6週間を経過すれば就業させても構いません。

産前産後休業中の賃金は就業規則などに規定がなければ無給でも構いません。ただし、健康保険によって出産手当金や出産育児一時金（出産した場合）が支給されます。

15 女性への特別な配慮②

前項に引き続き、女性労働者に対して認められる制度の説明です。

③妊娠中の軽易業務への転換

妊娠中の女性から請求があった場合、使用者は他の軽易な業務に転換させなければなりません。ただし、そのために負担の軽い業務を新たにつくる義務はありません。

④妊産婦の時間外労働・深夜労働の禁止

妊産婦（妊娠中あるいは出産後1年を経過しない女性）から請求があれば、変形労働時間制が採用されている場合でも1週または1日の法定労働時間を超えて労働させてはなりません。また、時間外・休日労働や深夜労働をさせてもなりません。

⑤出産後の育児時間

1歳未満の子供を育てる女性（男性も可）から請求があった場合、使用者は法定の休憩時間以外に、1日に2回（1日の労働時間が4時間以内の場合は1回）、それぞれ少なく

１歳未満の子供を持つ場合、１日に２回30分の育児時間が与えられます

とも30分の育児時間を与えなくてはなりません。ただし、育児時間中の賃金は就業規則や労使協約によって、有給か無給かを決めることができます。

⑥重労働の制限

女性は坑内では技術者の管理や監督業務など以外の業務に就かせることはできません。また、妊娠中の女性や産後1年以内の女性が、坑内業務を行わない旨を使用者に申し出た場合は、坑内で行われるすべての業務に就かせることはできません。そのほか、重量物を取り扱う業務や有害ガスを発散する場所における業務、高所における業務などに就かせることも、母性機能に有害であるという理由で禁止されています。

16 労働時間・休憩・休日の規定の適用除外対象者①

労働基準法は、以下の4種類の労働者については、業務上労働時間を厳格に管理することがなじまないという理由で、本章でこれまで説明してきた労働時間、休憩、休日に関する一般規定が適用されない労働者と定めています。

ただし、これらの労働者であっても、深夜業の割増賃金や年次有給休暇、産前産後休業に関する規定は一般の労働者と同様に適用されますので気をつけましょう。

①農業、畜産、養蚕、水産業に従事する者

いわゆる第一次産業従事者を指しますが、林業に従事する者は例外となります。

②監督もしくは管理の地位にある者

いわゆる「管理監督者」と呼ばれる地位の高い労働者を指します。どのような者が該当するかについては、次項で詳しく説明します。

③機密の事務を取り扱う者

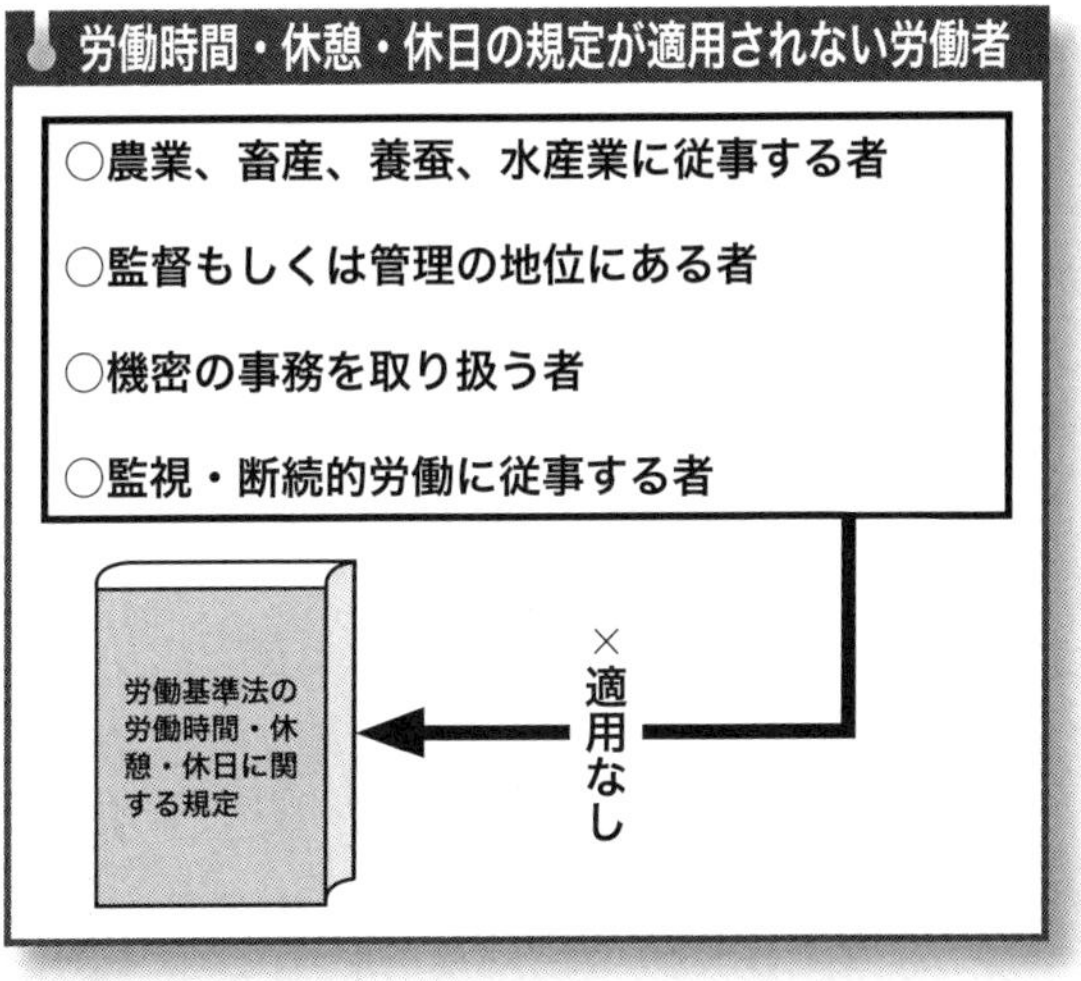
労働時間・休憩・休日の規定が適用されない労働者
○農業、畜産、養蚕、水産業に従事する者
○監督もしくは管理の地位にある者
○機密の事務を取り扱う者
○監視・断続的労働に従事する者
×適用なし
労働基準法の労働時間・休憩・休日に関する規定

社長や重役の秘書など、職務が経営者や管理監督者の活動と一体不可分である者を言います。

④監視・断続的労働に従事する者

監視労働従事者とは、原則として、一定の部署にあって監視することを本来の業務として、常態として身体または精神的緊張の少ない業務に従事する者を言います。したがって、交通関係の監視や車両誘導を行う駐車場の監視、プラントなどでの計器類の監視などは含まれません。一方、断続的労働従事者とは、修繕関係の仕事のように、休憩時間は少ないが手待ち時間が多くて実際の作業時間が少ない者を言います。両者とも実際に適用除外とするには、行政官庁の許可が必要となります。

17 労働時間・休憩・休日の規定の適用除外対象者②

前項で労働基準法の労働時間、休憩、休日の規定が適用されない4種類の労働者について列挙しましたが、ここではその中で「管理監督者」について詳しく解説します。

管理監督者にはどのような労働者が該当するのかについては、判例や行政解釈例規によって、「部長、工場長等労働条件の決定その他労務管理について経営者と一体的な立場にある者で、名称にとらわれず、実態に即して判断すべきもの」とされています。

つまり、課長や部長、支店長などの役職に就いていたり、管理職手当をもらっているという形式的な事実ではなく、名実ともに重要な職務と責任を負い、労働時間や休憩、休日についても労働基準法の一般規定になじまない形で勤務していることがポイントとなります。つまり、「店長＝管理職」「管理職＝残業代はつけなくていい」という考えは厳密には間違いになります。

管理監督者かどうかの具体的な判断基準としては、以下のような要素が行政通達として

店長の肩書を与えていても、すぐに管理監督者とは見なされません

出されていますので、実態に即して考えることになります。

①権限と責任

部下の労務管理を行ったり、人事考課について最終判断を下すなど、職務内容や職務遂行上、使用者と一体的な立場にあると言えるほどの強い権限と責任を持っていること

②自由な出退勤

出退勤について自己の裁量で労働時間をコントロールできるほど、自由度が高いこと

③待遇

基本給や役職手当、賞与の額などについて、一般労働者と比較して、管理監督者としての地位に相応しい処遇を受けていること

第5章

異動・配転・出向

1 配置転換（配転）

人事異動は、使用者である会社が、労働者の業務内容や就業場所、役職・地位を業務命令で変更することです。

使用者が業務上の都合で、社内における労働者の業務内容や勤務場所・部署を変更することを「配置転換（配転）」と言います。配転の中でも特に労働者の住所変更を伴うものを「転勤」と呼びます。

使用者にはこの配転を含む広範な人事権が認められています。人事権は会社が一方的に行使することができるものとして広範な裁量が認められており、労働者は正当な理由がなければ、これを拒否することはできません。

しかし、その一方で、労働基準法は、使用者に雇い入れ時に就業場所や従事する業務を含めて労働条件の明示を義務づけています。したがって、配転は明示した労働条件の内容変更を意味しており、労働契約あるいは就業規則に「業務の必要により労働者に配転を命

配置転換（配転）

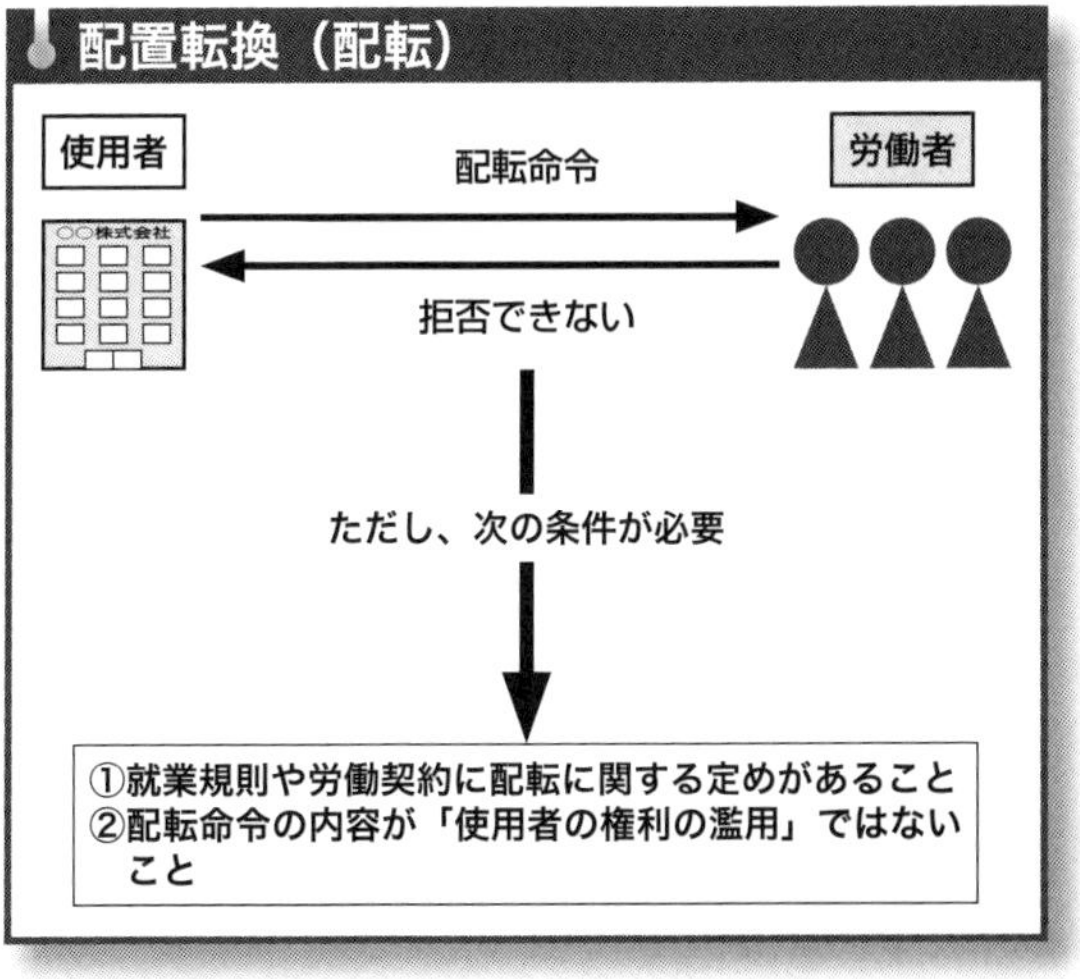
使用者
配転命令
労働者
○○株式会社
拒否できない
ただし、次の条件が必要
①就業規則や労働契約に配転に関する定めがあること
②配転命令の内容が「使用者の権利の濫用」ではないこと

ずることがある」旨を規定しておかなければ、使用者は一方的に配転を行うことはできません。また、このような規定を設けていたとしても、職種や勤務地を予め限定して労働契約を締結していた場合は、配転命令の有効範囲はその契約内に留まります。

この他、法令や判例によって、次のようなものが「使用者の権利の濫用」として、無効となる配転命令のポイントです。

①業務上の必要性がある配転か

②懲罰や報復人事、退職させる意図などの不当な動機や目的での配転ではないか

③労働者に著しい不利益を甘受させる配転ではないか（例　育児や介護を抱えている労働者に対する配転命令）

2 出向

「出向」とは、別会社（子会社や関連会社を含む）への人事異動のことです。出向先企業の指揮監督を受けて労務を提供するという意味で、前項の配転とは法律的に大きな違いがあります。出向には次の2つがあります。

①在籍出向

出向元に労働者としての籍を残して（出向元との労働契約を維持して）出向する場合を言います。前項の配転と同様、就業規則や労働契約に定めがあれば、人事権の濫用となる場合を除き、使用者は労働者の同意がなくても業務命令として命じることができます。

ただし、単に「出向を命じることがある」と規定するだけではなく、出向手続きや労働条件などが具体的に規定されていなければなりません。また、在籍出向先からさらに別の会社に在籍出向させる場合は、出向元と労働者双方の同意が必要となります。

②転籍出向

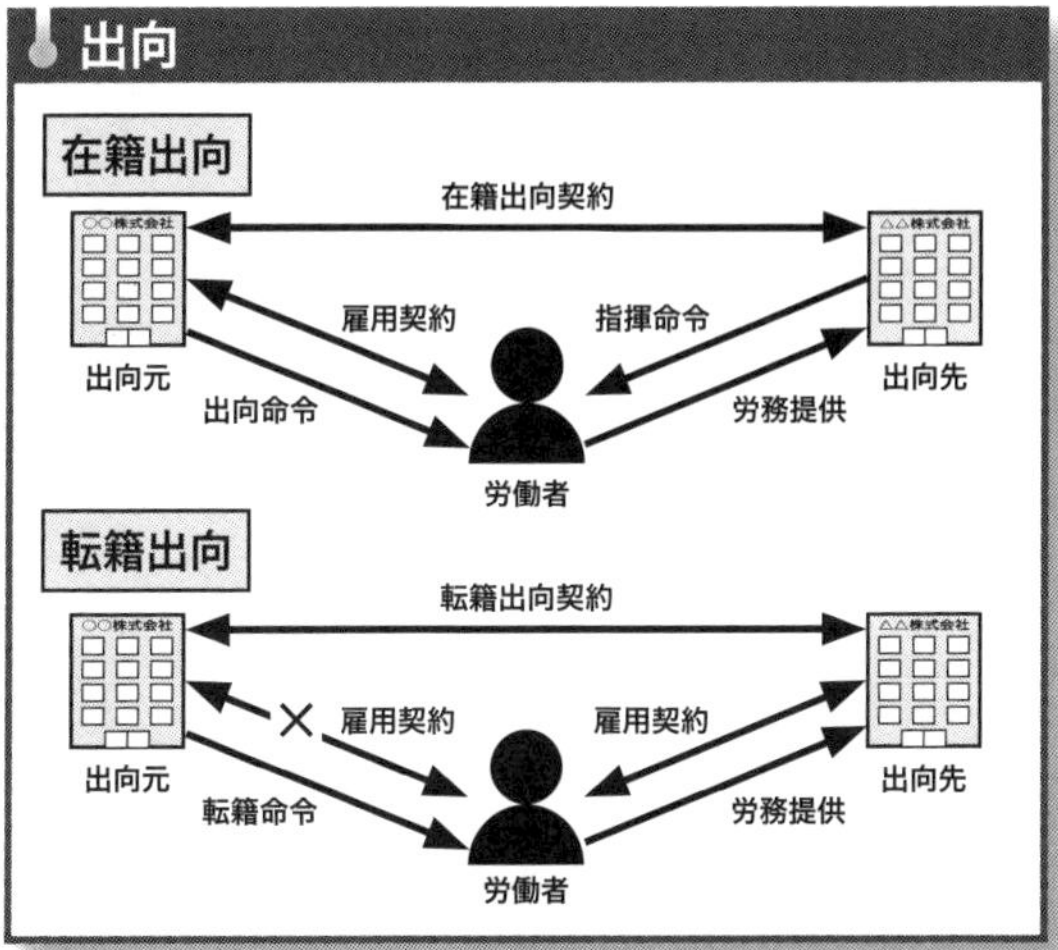

出向元を退職して（出向先と新たに労働契約を結んで）出向する場合を言います。出向元との労働契約は解消されますので、就業規則などに定めがあったとしても、出向元の使用者は労働者の個別の同意なく、一方的に命じることはできません。在籍出向させた後に、そのまま転籍出向させる場合も、転籍時に労働者の同意が必要となります。

なお、転籍出向した会社が倒産したり、あるいは解雇された場合、出向元の会社には労働者を再雇用する義務は原則としてありません。しかし、出向元に復帰する特約を結んでいたり、出向先が出向元の会社の一部門を法人化したものである場合などは、義務が発生する場合もあります。

3 配転・出向の命令の限界

配転や出向が労働者の労働条件や生活条件に大きな影響を与えるものである以上、使用者が配転・出向権限を行使する場合には自ずと限界があると考えなければなりません。

まず、労働契約の締結にあたって、その労働者の就業場所や職務内容について限定している場合は、労働者の同意を得る必要があります。たとえば、専門の資格・技術を持つ者を一般事務に配転したり、住居の変更を伴うような勤務地の変更の場合は本人の同意が必要です。ただし、申込票や新聞広告・求人雑誌などで職種を明示して募集していることのみを取り上げて、終身その職種に限定する合意が成立しているとみることはできませんし、全国規模の企業が本社で一括採用する新規大卒者の場合、通常は将来の管理者として考えられることから、転勤や職種の変更についてその権限を使用者に委ねているとみられます。

配転・出向命令について争う裁判では、常に業務上の必要性と人選の妥当性が重要な判断要素となっています。業務上における配転・出向の必要性が真実でなく、上司の好き嫌

配転や出向は合理的な理由なく、無闇に行使することはできません

いや、他の不当な動機ないし目的をもってなされたときは無効とされます。また、人選においても他に多くの従業員がいる中で、その人が選ばれる積極的な理由が必要です。

　また、業務上の必要性と人選の妥当性が認められても、労働者の不利益が著しいときは、権利の濫用として無効とされる判例もあります。著しく経済面の困窮が予測されたり、生活環境を根底から覆すような事情がある場合は無効とされるケースが見受けられます。

　また、配転命令が反労働組合的意図を持っていたり、組合活動の弱体化をもたらす場合は不当労働行為として無効とされます。特に組合役員の配転に関しては、その可能性が強いと考えられますので注意が必要です。

4 在籍出向に伴う留意点

在籍出向の場合、労働者には出向元（労働契約締結先）と出向先（指揮監督権）との二重の労働関係が生じることから、いくつか留意すべき点があります。

まず、就業規則は出向元と出向先とで異なるケースがほとんどですので、たとえば、労働時間や休憩、休日、服務規程などの実際の指揮監督権に関わる部分は出向先の就業規則を適用し、解雇や退職などの身分関係に関する部分は出向元の就業規則を適用するといったやり方が考えられます。それに伴って、労働基準法上の使用者責任も、出向元・出向先それぞれの権限に応じて発生し、労働時間、休憩、休日などの法定基準の遵守や安全衛生の確保、災害補償などは出向先が義務を負わなければなりません。

たとえば、出向先の労働条件が出向元と異なる場合、一般的には出向先の所定労働時間を超える分を時間外労働としたり、定額の手当を支給するという形で補填する形態がとられたら、年次有給休暇の付与について出向元の勤務年数を通算することもあります。

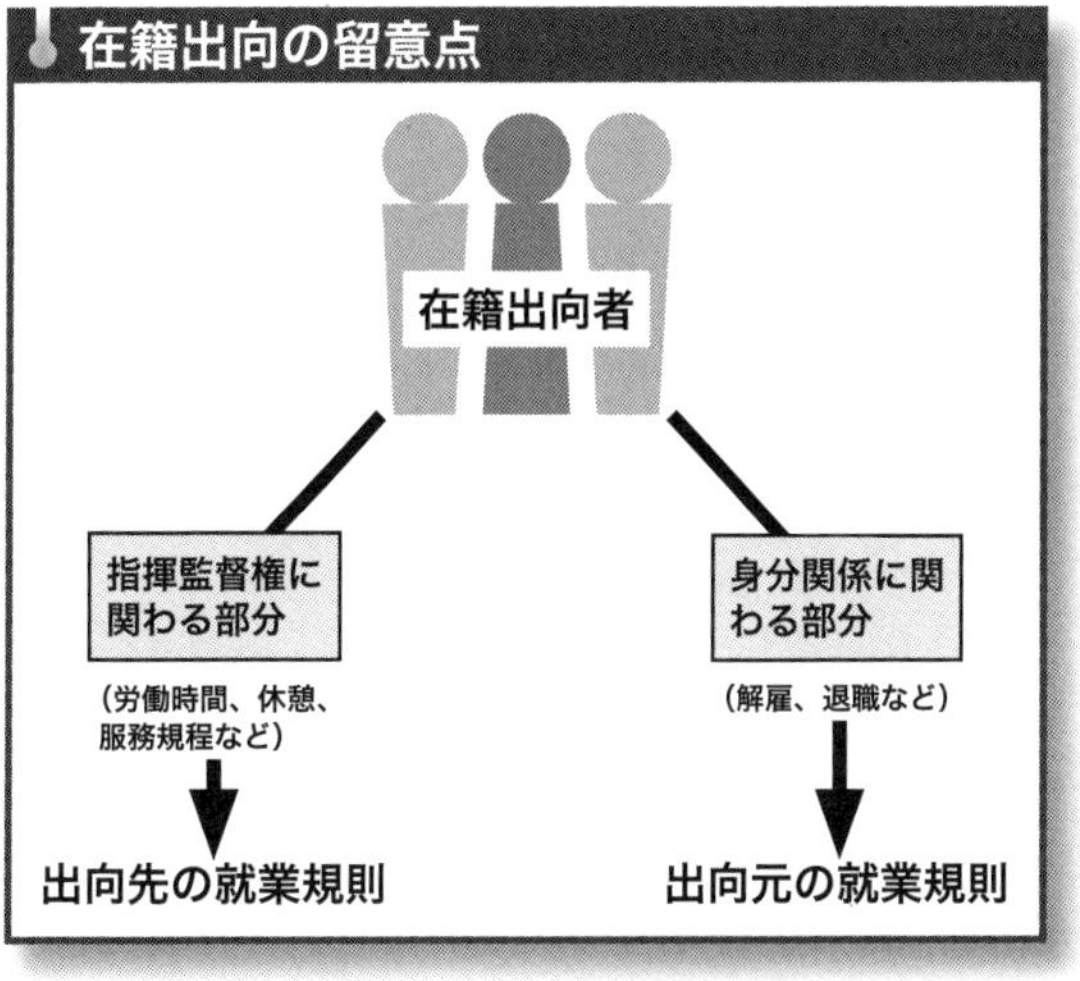

その他、出向元と出向先とで賃金体系が異なり、労働者に不利益が生じる場合は、本人の同意がない限り不利益な変更は認められません。この場合はその差額を補償する必要が生じます。また、退職金に関しては、復帰の時点で出向先が直接支払う場合は少なく、一般的には出向期間も通算して、出向元の退職金規定によって支払う場合がほとんどです。

なお、出向先において、指揮命令違反や職場秩序違反などの行為があった際は、当然労務の提供を受ける職場である出向先の就業規則に基づくのが当然です。ただし、労働者の身分関係は出向元にありますので、この場合はいったん出向を解いた上で、出向元の就業規則によって懲戒処分することになります。

第6章

退職・解雇

1 休職制度

育児・介護や労働災害による傷病などを原因とする法定の休業や休暇以外に、業務外の病気（身体的・精神的）やケガなどに対して、使用者が労働者に休職を認めることがあります。

この休職制度は義務ではなく、あくまでも使用者が任意に設けるものですが、設ける場合は、その期間や回数、休職を認める理由、休職期間中や終了後の労働条件などについて、就業規則などで具体的に定めておくことが必要です。

まず、休職期間の長さについては一般的に半年から2年間としている会社が多いようです。この間の賃金は有給でも無給でも構いませんが、社会保険料は免除とはならないので、無給であっても、使用者や労働者はそれぞれ負担しなくてはならない健康保険料や厚生年金保険料を支払う必要があります。

次に、休職期間が終了、あるいは期間中に職場復帰が可能になった場合、使用者は正当

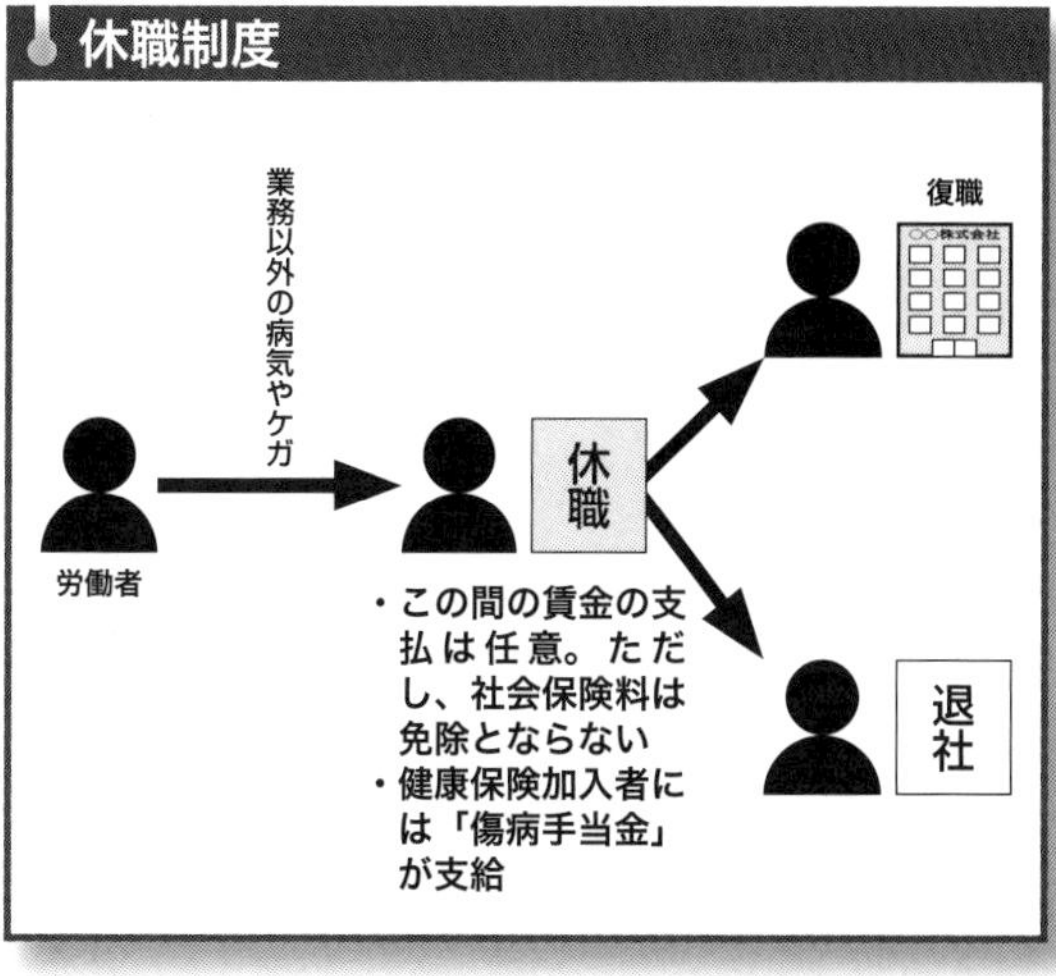
休職制度
業務以外の病気やケガ
労働者
休職
・この間の賃金の支払は任意。ただし、社会保険料は免除とならない
・健康保険加入者には「傷病手当金」が支給
復職
○○株式会社
退社

な理由がなければ、労働者の復職希望を拒むことができません。ただし、医師の診断書を参考資料として提出させて、それを元に復職させるべきか否かを使用者が判断する旨を就業規則に定めることはできます。

また、所定の休職期間が終了しても、職場復帰がなされない場合の対応は使用者の任意ですが、自動的に退職扱いにする旨を就業規則に定めている会社が多いようです。

なお、労働者が健康保険の被保険者であった場合、業務外の傷病の治療のために働くことができない状態が3日以上継続した場合、4日目から最長1年6カ月間、「傷病手当金」が休業1日につき原則として標準報酬日額の3分の2支給されます。

2 自己都合退職（辞職）

労働契約の解消は労使双方が合意の上で行われるのが最も望ましいことですが、実際にはそうは行かないことが往々にしてあります。

労働者が自己の都合により労働契約を解約する場合、その契約に期間の定めがなければ、原則として14日以上前に使用者に申し出れば、自由に退職することができます。

この申出は口頭でも可能ですが、「退職願」や「退職届」など書面で行うのが一般的です。「退職願」は退職の承諾を使用者に願い出ることを意味しますので、使用者がこれを承認した時点で正式に退職の申出となります。したがって、使用者が承認する前であれば撤回も可能です。一方、「退職届」は労働者が使用者に対して一方的に退職を通告することを意味しますので、これが受理された時点で退職の申出となります。したがって、使用者の同意がなければこれを撤回することはできません。

ただし、本来退職する理由がないにもかかわらず誤って（錯誤）退職届を出してしまっ

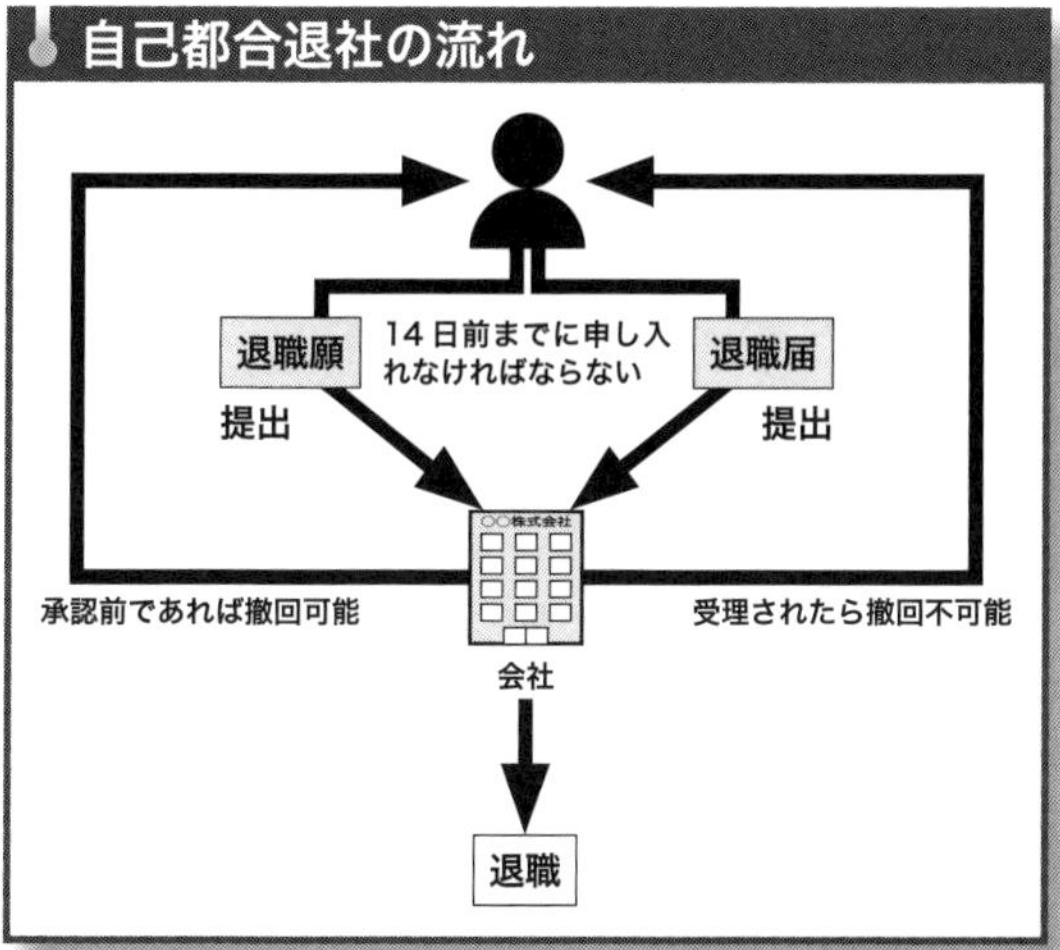

たり、「本来なら懲戒解雇だが辞表を出せば自己都合退職にしてあげよう」などと使用者に騙されたり（詐欺）、脅されて（強迫）、無理矢理に退職届を提出してしまったような場合は、退職の申出（意思）を撤回することができます。

同様に、使用者が解雇ではなく自己都合退職させる意図で、労働者に対して退職を暗に示唆したり、勧奨するなどの行為をすることがあっても、労働者はこれに応じる義務はありません。逆に暴力や嫌がらせなどの度が過ぎる退職勧奨があった場合は、退職強要として、労働者は使用者に損害賠償を請求することができます。

3 解雇

前項で説明した自己都合退職（辞職）は労働者の側から一方的に労働契約の解消を行うものでしたが、本項で説明する解雇は逆に使用者の側から一方的に労働契約を打ち切ろうとするものです。

両者とも「一方的に」という部分では同じですが、自己都合退職の場合は労働者側の理由は問題とされないのに対し、解雇の場合は使用者側に正当な理由が求められるという点で、難度が異なります。これは使用者と労働者とではその力関係に大きな差があり、正当な理由がない一方的な解雇は労働者に多大な不利益をもたらすからです。

この解雇権の濫用の制限については、長年の議論を経て、２００３年の労働基準法改正によって、同法18条の2に、次のとおり明確に規定されました。

「解雇は、客観的に合理的な理由を欠き、社会通念上相当であると認められない場合は、その権利を濫用したものとして、無効とする」

法律で禁止されているケース

〈期間〉

①業務上の負傷や疾病で療養中の期間およびその後30日間
②女性の産前（6週間）産後（8週間）休業中の期間およびその後30日間

〈理由〉

①国籍・信条・社会的身分を理由とする解雇
②監督機関（行政官庁、労働基準監督署）への申告を理由とする解雇
③性別を理由とする解雇
②労働組合の組合員であることや加入を理由とする解雇
③女性労働者に対する婚姻・妊娠・出産・産前産後休業の取得を理由とする解雇
④育児介護休業の申出や取得を理由とする解雇

また、労働基準法やその他の法律により、上の表にあるような場合には、使用者は労働者を解雇することができません。

なお、解雇はその内容によって次の2つに分類することができます。

①普通解雇

経営上の理由に基づいて行われる解雇（整理解雇）と、それ以外に労働者の非違行為や能力や適格性、業務外の私傷病などを理由に行われる解雇があります。

②懲戒解雇

労働者の非違行為に対する懲戒処分としての解雇です。

4 解雇予告

使用者が労働者を解雇する場合、労働者が経済的に大きな打撃を受けることが予想されます。そこで、労働基準法は使用者にこれを事前に予告する義務を課しています。

具体的には、使用者は労働者を解雇する場合には、少なくとも30日前に予告しなければなりません。予告をしないで即時解雇をする場合は、解雇予告手当として30日分以上の平均賃金を支払わなくてはなりません。また、予告から解雇まで30日未満の場合は、30日に満たない日数分の平均賃金を支払わなければなりません。

ただし、次のようなケースは、労働基準監督署の認定を受けることにより、解雇予告や解雇予告手当なしで即刻解雇できるとされています。

①天災事変その他やむを得ない事由のために事業の継続が不可能となった場合

（例　天災やそれに匹敵するほどの不可抗力により、事務所や工場などが焼失したり、倒壊し、事業の継続が困難となった場合）

解雇予告

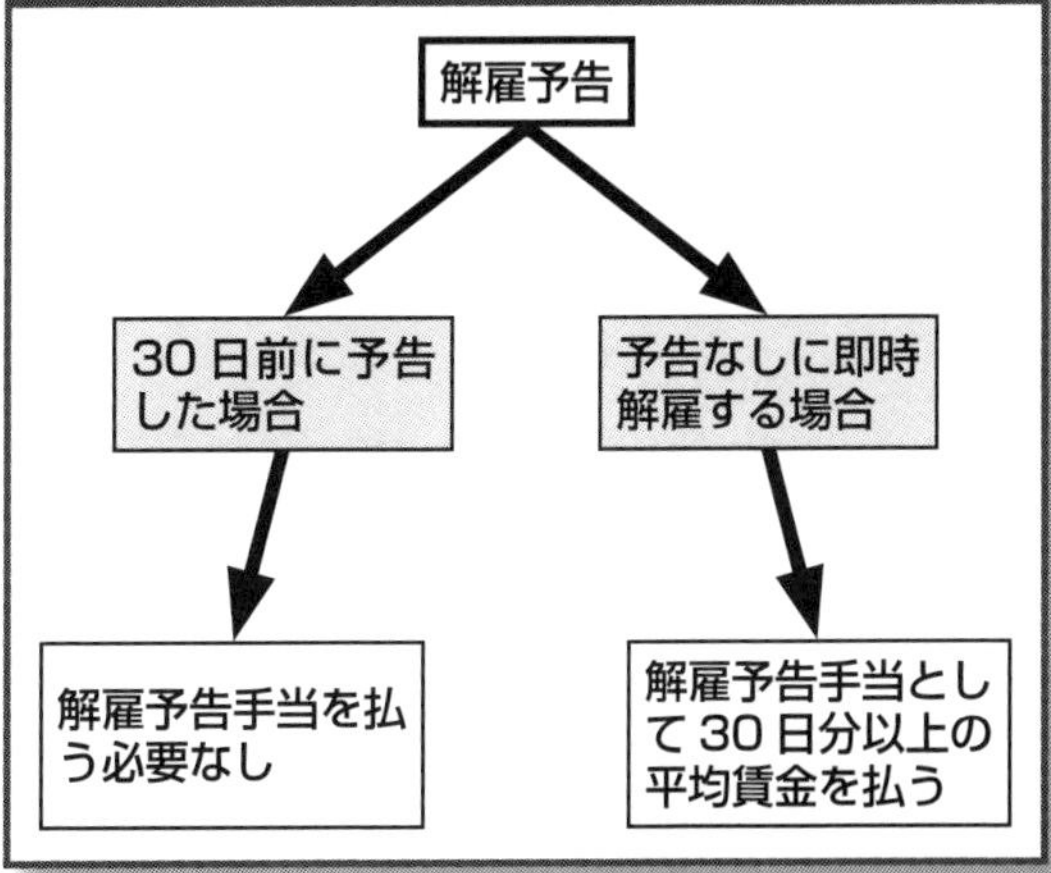
解雇予告
30日前に予告した場合
予告なしに即時解雇する場合
解雇予告手当を払う必要なし
解雇予告手当として30日分以上の平均賃金を払う

②労働者の責に帰すべき事由に基づいて解雇する場合

（例　労働者に盗難や横領などの重大な服務規律違反や背信行為があった場合）

また、以下に該当する者の場合は解雇予告なしに解雇ができるとされます。

①日々雇い入れられる者（ただし1カ月を超えて継続使用されるに至った場合は例外）

②2カ月以内の期間を定めて使用される者

③季節的業務に4カ月以内の期間を定めて使用される者

④試用期間中の者（ただし14日を超えて引き続き使用されるに至った場合は例外）

5 普通解雇

普通解雇には、経営上の理由に基づいて行われるもの（整理解雇）と、それ以外に労働者の能力や適性などを理由に行われるものがあります。

①整理解雇

使用者が経営状況の悪化を理由に、人件費削減を目的に行う解雇で、いわゆる人員整理、リストラのことです。労働者自身に問題があって行う解雇ではなく、また労働法に明確な規定がないことから、実際に整理解雇が認められるには相当の理由が必要となります。

これまでの判例・学説から、具体的には、次の4つの要件を満たす必要があると考えられています。

・人員削減の必要性……経営上、人員削減を行うべき合理的な理由があるか

・解雇回避努力義務……役員報酬カットや新規採用停止、希望退職募集、配転、出向など解雇を回避するためのあらゆる手段を尽くしたか

整理解雇の4要件

※整理解雇を行うには、以下4つの要件をすべて満たす必要がある

- ① 人員削減の必要性があること
- ② 解雇を回避する努力をしたこと
- ③ 被解雇者の人選に合理的理由があること
- ④ 整理手続きに適法性があること

・人選の合理性……被解雇者の人選は恣意的ではなく、合理的な基準（勤務成績、年齢、雇用形態など）によって行われているか

・説明・協議義務……労働者や労働組合に対して、経営状況や整理解雇の必要性と内容について誠実に説明したか

②その他、労働者の非違行為や能力、適格性、私傷病などを理由に行われる解雇

勤務態度不良や刑事訴追された場合など、本来は懲戒解雇に相当するもののあえて普通解雇として処理するもののほか、労働者の能力や適格性、あるいは業務外の傷病を理由とする解雇がありますが、解雇の正当性について微妙な判断が必要となります。

6 懲戒解雇　①懲戒処分の意義と種類

懲戒解雇は、労働者が長期にわたる無断欠勤などによって、事業上の秩序を著しく乱したり、横領・背任などによって、使用者に重大な損害を与えた場合に懲戒処分として行われる解雇であり、最も重い処分です。

懲戒処分は問題の労働者に一定の制裁を加えることによって本人の理性と意思を矯正すると同時に、他の労働者に対しても戒めとする目的を持ちます。

一般に、就業規則などで定められている懲戒の種類には、軽いものから、①譴責《けんせき》（戒告）、②減給（昇給停止、降格）、③出勤停止、④諭旨《ゆし》解雇、⑤懲戒解雇があります。

まず、戒告と譴責はほぼ同様の処分で、行為者を叱ることであり、通常は始末書を提出させて将来を戒める方法です。軽い処分とはいえ、その後の本人の昇進などの査定に影響を及ぼします。

次に、減給、昇給停止、降格は賃金における制裁を加えるものです。ただし、労働基準

懲戒の種類

①譴責（戒告）	義務違反に対して警告し、始末書を提出させる
②減給（昇給停止、降格）	賃金の一部をカットする
③出勤停止	一定期間、出勤を停止し、勤労を拒否する
④諭旨解雇	退職勧告を行い、退職させる（依願退職）
⑤懲戒解雇	予告なしに即時退職させる

法によって、「減給は1回の額が平均賃金の1日分の半額を超え、総額が一賃金支払期における賃金の総額の10分の1を超えてはならない」と規定されています（68ページ参照）。

さらに、出勤停止は、一定期間の出勤を停止させ、謹慎を命じたり、出勤停止期間の賃金を支給しないなどとするものです。

最後の懲戒解雇は、予告期間なしに即時解雇するもので、退職金を支給しないことが一般的です。同じ解雇でも諭旨解雇は、依願退職を勧告して退職させる場合で、これに応じなければ懲戒解雇することになります。諭旨解雇の場合の退職金は自己都合の退職として支給される場合と、一部または全部を支給しない場合があります。

7 懲戒解雇② 懲戒処分の要件

懲戒処分を使用者の権限として一方的に認めると、労働者にとっては苛酷なものになってしまいます。そのため、判例や学説はこの濫用を阻止するために、懲戒処分には次のような要件が必要だとしています。

まず、就業規則などに予め懲戒処分になる場合の事由と種類の基準が規定されており、かつ労働者にこれが周知されていなければ、使用者には懲戒処分、とりわけ懲戒解雇を行う権限はないとされます。

さらに、次のような原則に合致していることが求められます。

①不遡及の原則……労働者が問題の行動をとった時点では懲戒の定めがなかったにもかかわらず、後日就業規則を作成・変更して懲戒処分とすることはできません。

②一事不再理の原則……過去にすでに懲戒処分を受けている行為について、重ねて懲戒処分をすることはできません。

懲戒処分の要件

大原則	就業規則などに懲戒処分となる場合の事由と種類の基準が規定されており、労働者に周知されていること

さらに、以下の原則に合致していること

① 不遡及の原則

② 一事不再理の原則

③ 平等扱いの原則

④ 相当性の原則

⑤ 適法手続きの原則

③平等扱いの原則……同程度の行為について、一人は減給、一人は懲戒解雇といった不平等な処分を行うことは認められません。

④相当性の原則……行為の軽重の度合いに応じて、懲戒処分も自ずから軽重の差を設けなくてはなりません。つまり、行為と処分の釣り合いがとれていることが重要であり、遅刻などの軽微な非違行為でいきなり懲戒解雇するようなことは認められません。

⑤適性手続の原則……就業規則に定められている手続きを踏まなかったり、本人に弁明の機会を与えなかったり、あるいは証拠不十分のままで処分することはできません。

8 懲戒解雇③ 懲戒解雇における退職金と解雇予告手当

懲戒解雇が通常の解雇と異なる点は、解雇予告の手続きをしない即時解雇であるということと、退職金の全部または一部を支給しないということにあります。

退職金を支給しないことを違法とする意見もありますが、退職金制度を設けるか否かは労働協約または就業規則で使用者が任意に定められることであり、懲戒解雇の場合は全部または一部を支給しないと定めることも自由であると解されています。この場合、就業規則にその旨が定められていることが要件とされていますが、功労を抹消・減殺するほどの不信行為がなければ支払わなければならないとした判例もあるので注意が必要です。

また、通常解雇の場合、使用者は労働者を解雇しようとする少なくとも30日前にその予告をしなければならず、30日前に予告をしない場合は、30日分以上の平均賃金を支払わなければならないのは前述したとおりですが、懲戒解雇の場合は労働基準監督署の認定を受ければ解雇予告の除外となる場合が多いと考えられます。

懲戒解雇における解雇予告除外の認定基準

①	極めて軽微なものを除き、職場内での盗取、横領、傷害など刑法犯に該当する行為があったとき
②	賭博、風紀紊乱等により職場規律を乱した場合
③	採用条件の要素となるような経歴の詐称
④	他事業への転職
⑤	2週間以上正当な理由がなく無断欠勤し、出勤の催促に応じない場合

この認定基準については、①極めて軽微なものを除き職場内での盗取、横領、傷害など刑法犯に該当する行為があったとき、②賭博、風紀紊乱《びんらん》等により職場規律を乱した場合、③採用条件の要素となるような経歴の詐称、④他事業への転職、⑤2週間以上正当な理由がなく無断欠勤し、出勤の催促に応じない場合、といった労働者を保護するに値しないほどの重大または悪質な義務違反ないし背信行為が労働者に存する場合としています。認定が受けられなかった場合は、通常解雇として予告手当を支払わなければなりません。

9 定年退職と早期退職制度、再雇用制度

雇用期間の定めがない労働者が就業規則などに定められた年齢に達すると、労働契約が自動的に終了することを「定年退職」と言います。

この定年の年齢について、高齢者雇用促進法で従来は60歳未満は禁止とされてきましたが、その後の同法の改正によって、65歳まで引き上げられることになり、使用者はそのために次の措置のうち、いずれか1つをとらなくてはならなくなりました。

①定年年齢を引き上げる
②労働者本人が希望した場合は、引き続き雇用を継続する制度をつくる
③定年制度自体を廃止する

このため、平成25年4月1日までに定年年齢を次ページの図のとおり、段階的に引き上げることが認められています。

一方、定年に達する前の労働者に対して、割増賃金や割増退職金を支払うなどの優遇措

65歳までの雇用延長

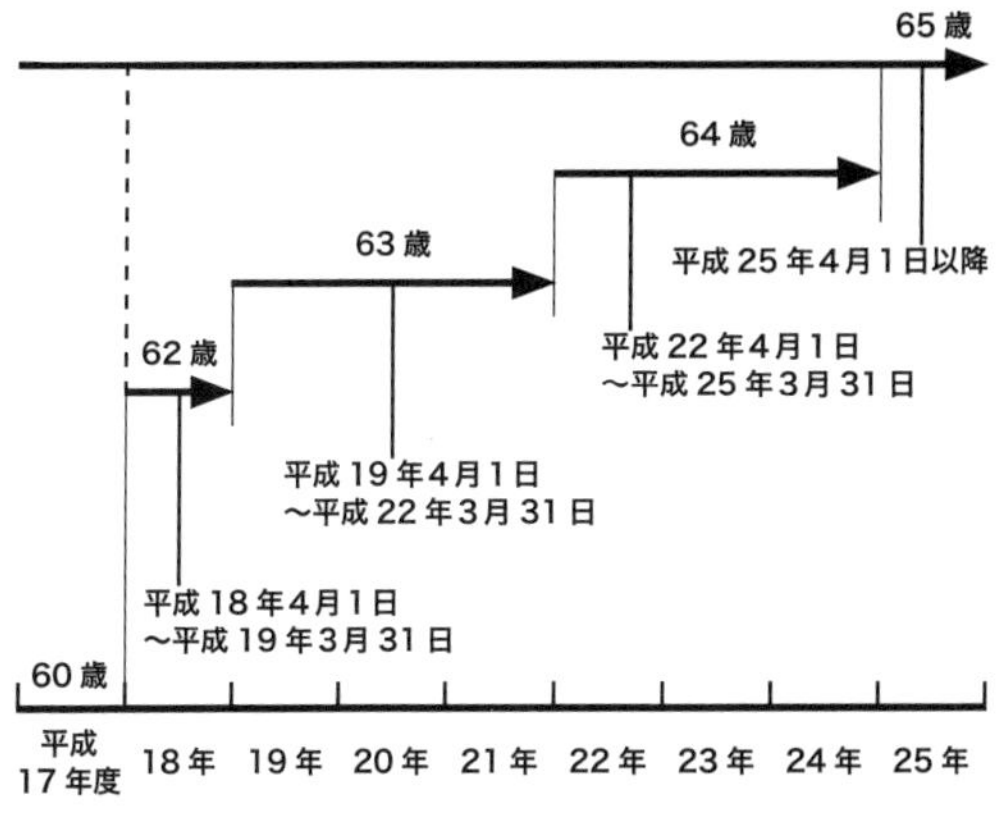

置をつけて、退職者を募る「早期退職制度」を設ける会社があります。また、個別に退職勧奨を行って退職を勧める会社もあります。しかし、これらに応じるかどうかは労働者の任意であり、嫌がらせなどを行って強制的に退職させようとした使用者には損害賠償責任が発生します。

逆に、一旦定年を迎えた労働者を引き続き、あるいは期間を置いて再び雇用する場合は、「再雇用」となります。この場合、前の労働契約は解消しているため、使用者は新たに違った内容で労働契約を交わすことができます。

（192ページ参照）

10 退職金

退職金は文字どおり、退職する労働者に対して使用者がねぎらいの意味で任意に支給するものです。したがって、原則的には「賃金」に該当しませんが、就業規則などで退職金の支給要件（適用者の範囲、計算方法、支払方法、支払時期など）について明確に定められている場合は「賃金」と見なされ、使用者に支給義務が発生します。このとき、支払時期の定めがなければ、使用者は退職後に労働者からの請求があった日の7日以内に支払わなければなりません。

「賃金」と見なされる退職金については、労働基準法の「賃金支払の5原則」の適用を受けることになります。しかし、就業規則などに定めがあれば、支払時期を退職後にしたり、支払方法を現金ではなく小切手や郵便為替にしたり、勤続年数や退職理由によって、支給額に差をつけることも認められます。

また、退職金規定の変更については、賃金規定の変更と同様、労働者に不利益になる一

退職金の支払い時期

就業規則に退職金に関する規程があり、「賃金」と見なされる場合

①	使用者は労働者が退職する場合、請求があったときは7日以内に退職金を支払わなければならない （労働基準法23条1項）
②	ただし、就業規則等に退職金の支払い時期を定めた場合は、その規定による

方的な変更は原則として認められず、その理由が合理的である場合に限って、個々の労働者の同意なしに変更できるとされています。

さらに、労働者が死亡したときの退職金については、退職金規定などで別段の定めがなければ、民法の一般原則に基づいて遺産相続人に支払うことになります。

そのほか、労働者が退職金を放棄する意思表示をした場合、「それが労働者の自由な意思に基づくものであると認めるに足りる合理的な理由が客観的に存在するときは有効」とされています。

なお、通常の賃金の請求権の消滅時効は2年であるのに対して、退職金の請求権の消滅時効は5年になっています。

11 退職者への競業避止義務と秘密保持義務の有効性

使用者にとって、労働者が退職した後、同業他社に就職したり、独立して同業の会社を始めることは、その労働者が高いポジションにいたほど、阻止したいものです。実際、就業規則などに「退職後2年間、周辺地域の同業他社に就職しない」などのような競合避止義務を規定している会社もあります。

しかし、このような競合避止義務については、憲法で保障されている労働者の職業選択の自由を不当に制限することになり、原則的には認められないとされます。

もっとも、近年の判例では、就業規則などで競業が禁止される期間や場所、職種が明記されて、労働者の転職の自由を不当に制限していないと認められる範囲であり、かつ競業避止義務を課すことの代償措置がとられている場合、このような競業避止義務を認めるのが一般的になっています。

また、労働者が在職中に知った企業秘密を不正に使用したり、第三者に開示することを

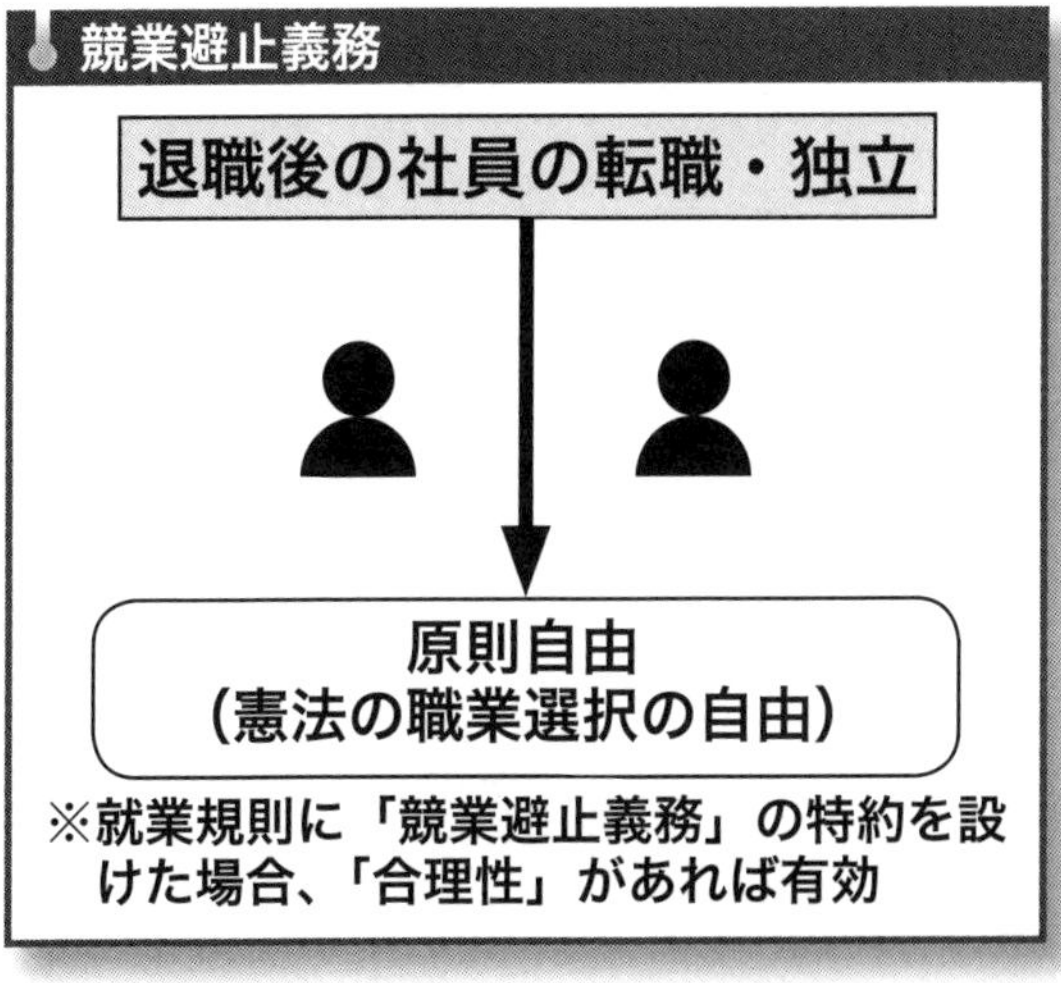
競業避止義務
退職後の社員の転職・独立
原則自由
（憲法の職業選択の自由）
※就業規則に「競業避止義務」の特約を設けた場合、「合理性」があれば有効

認めない秘密保持義務を、使用者が労働者の退職後にも引き続き課すことの是非については、不正競争防止法によって、退職後した労働者が不正に利益を得るなどの目的をもって営業秘密を第三者に漏洩した場合のみ認められています。

営業秘密とは、同法で「秘密として管理されている生産方法、販売方法その他の事業活動に有用な技術上または営業上の情報であって、公然と知られていないもの」と定義されているものです。この営業秘密を漏洩した退職労働者は刑事罰の対象となるほか、前の使用者から損害賠償を請求される可能性があります。

12 雇用保険

雇用保険は、国が事業主と労働者双方から保険料を徴収して、労働者が失業したり、職業教育訓練を受けた際に、生活安定や就職促進のために必要な給付を行う制度です。

雇用保険が適用されるのは、原則として1人でも労働者を雇用しているすべての事業者（個人・法人）です。ただし、5人未満を雇用する農林水産業だけは任意適用です。

雇用保険の被保険者となるのは、前述の適用事業に雇用される次の4種類の労働者です。

①一般保険者……②〜④以外の者

②高年齢雇用継続被保険者……同一事業主に65歳以前から雇用され、65歳になった後も引き続き雇用されている者

③短期雇用特別被保険者……季節的事業や1年以内の短期雇用に就いている者

④日雇労働保険者……日々あるいは30日以内の期間で雇い入れられる一定の者

なお、事業主や会社の代表取締役は雇用保険の対象とはなりません。取締役も労働者性

雇用保険の主な給付

求職者給付	被保険者が離職、失業している間に支給される給付（基本手当、技能習得手当、寄宿手当、傷病手当など）
就職促進給付	失業していた被保険者が再就職した際に支給される給付（就業促進手当、移転費、広域求職活動費）
教育訓練給付	現在あるいは過去に雇用保険の被保険者で一定の要件を満たしている者が、厚生労働大臣の指定する教育訓練を受講して終了した場合に支給される給付
雇用継続給付	育児・介護休業期間中や一定の要件を満たす60歳以上の被保険者（ただし失業状態ではない）が働く場合に支給される給付（高年齢雇用継続給付、育児休業給付、介護休業給付）

が強いと認められなければ原則として対象外です。パートタイム労働者については、原則として被保険者になりませんが、以下の条件を満たす場合は短時間労働被保険者として、被保険者になります。

①1週間の所定労働時間が20時間以上30時間未満であり、

②1年以上引き続き雇用されることが見込まれる者

離職者が雇用保険から給付を受ける際は、使用者から離職理由や賃金支払状況などを記した離職証明書および離職票を発行してもらい、公共職業安定所（ハローワーク）に提出します。主な給付は上の図のとおりです。

第7章 労働災害・安全衛生

1 災害補償

労働基準法は、労働者が業務上の災害で負傷したり死亡した場合に、使用者の過失の有無にかかわらず、使用者の労働者に対する補償義務（災害補償）を定めています。

まず、労働者が業務上の災害で負傷または疾病にかかった場合、使用者は必要な療養を行うか、必要な療養の費用を負担しなければなりません。ただし、療養期間が3年を経過しても使用者の負傷や疾病が治らない場合は、使用者は3年が経過した段階で平均賃金の1200日分の補償を行えば、以後の補償を打ち切ることができます（打切補償）。

次に、労働者が業務上の傷病が原因で働くことができなくなり、さらに賃金をもらえない場合、使用者はその間の生活を保障するために、平均賃金の60％を支払わなければなりません（休業補償）。

また、労働者が業務上の災害で負傷したり、疾病にかかり、治癒しても身体に障害が残ったときは、使用者はその障害の程度に応じて補償しなくてはなりません（障害補償）。

労働者が業務上の災害で負傷した場合、使用者は補償義務があります

そして、労働者が業務上の災害で死亡した場合、使用者は遺族に対して、平均賃金の1000日分の補償を行わなければなりません（**遺族補償**）。

以上の補償を受ける権利は、労働者が退職しても消滅するものではなく、第三者に譲渡したり差押えられることもありません。

なお、労働者側に重大な過失があった場合、使用者は行政官庁の認定を受ければ、休業補償と障害補償については免責されます。また、障害補償と遺族補償については、同意があれば、6年の分割補償にすることができます。

2 労災保険

前項で説明した労働基準法による災害補償は、使用者に資金的余裕がなくて労働者が十分な補償が受けることができない可能性があることが考えられます。そこで、使用者に政府が運営する労災保険に加入させて、そこから労働者に補償させる制度が別途設けられ、現実にはこの労災保険による補償が主流となっています。労災保険が適用された場合は前項の労働基準法による災害補償は適用されません。

労災保険は1人でも労働者を雇っている使用者（個人事業主も含む）であれば、原則として強制的に加入を義務づけられるものですが、農林水産業で5人未満を雇用している使用者は例外とされます。また、加入は本社や工場などの事業所単位で行われます。補償の対象となる労働者には正社員だけでなく、パートタイム労働者、不法就労状態にある外国人労働者も含まれます。

労災保険の保険料は使用者がすべて負担することになっています。万が一使用者が加入

労災保険は補償の資金的余裕がない使用者のためにある制度です

を怠っていた場合、労働者は補償を受けることができますが、使用者は遡って保険料を政府に支払わなければなりません。

実際に労働者が労災保険から補償を受けるにあたっては、その労働者の負傷や死亡が、「業務災害」あるいは「通勤災害」によるものであることを労働基準監督署長に認定されなくてはなりません。この認定を「業務上認定」と言います。実際の認定は申請後に労働基準監督署の担当官が関係者に事情をヒアリングして行います。「業務外」と認定された場合は、都道府県の労働保険審査官に再審を請求することができます。

3 労災保険の内容

労災保険の給付手続きは、労働者（死亡の場合は遺族）が労働基準監督署に申請します。

労災保険で行われる主な補償の給付内容は次のとおりです。

①療養補償給付（通勤災害の場合は療養給付）

診察、治療、医薬品などの支給、看護、通院などの費用を支給します。

②休業補償給付（通勤災害の場合は休業給付）

休業４日目から平均賃金の６割相当を支給します。

③障害補償給付（通勤災害の場合は障害給付）

身体障害が残った場合に、障害等級に応じて年金ないし一時金が支給されます。

④遺族補償給付（通勤災害の場合は遺族給付）

労働者が死亡した場合に、一定の遺族に対して年金または一時金を支給します。

⑤葬祭料（通勤災害の場合は葬祭給付）

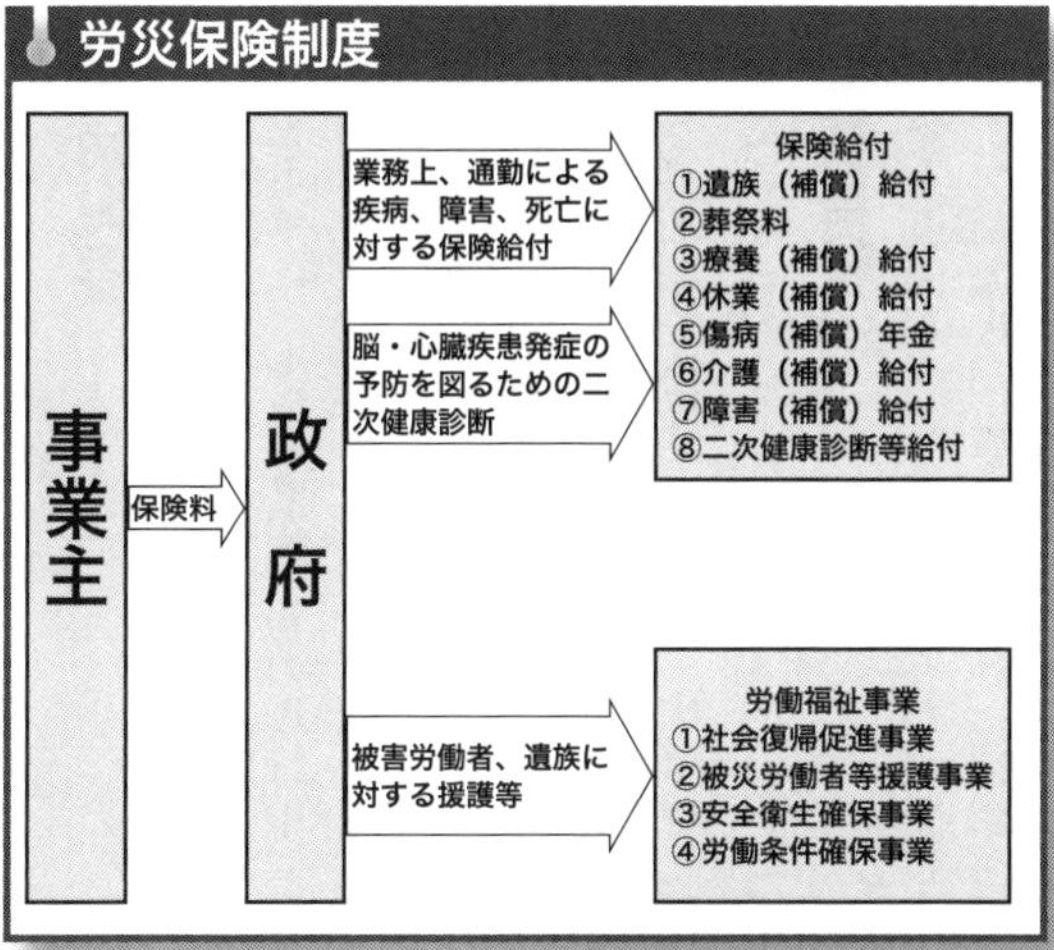

労働者が死亡した場合に、葬祭を行う者に対して、葬儀に通常必要な費用を支給します。

⑥傷病補償年金（通勤災害の場合は傷病年金）

労働者が療養開始後1年6カ月が経過しても治癒しない場合に、障害等級に応じて年金を支給します。

⑦介護補償給付（通勤災害の場合は介護給付）

傷害補償年金、傷病保証年金の権利を有する労働者が、常時または随時介護を受ける場合に、介護費用が支給されます。

4 業務災害

業務災害は、労働者が業務の遂行中に発生した災害のことです。

業務災害が労災として認定されるには、基本的に次の要素が目安となります。

①業務遂行性

労働者が使用者の支配・管理下にある状況で発生した災害であるかどうかが問われます。作業の準備や後始末の時間、あるいは勤務中にトイレに行っている間の時間も含まれます。ただし、私用で社外にいたり、休憩時間にスポーツをしてケガをした場合などは認められません。

②業務起因性

業務を原因とする傷病かどうかが問われます。作業中に機械などによって負傷したり、業務での移動中に事故でケガをするといったケースが典型例です。しかし、地震などの天災に遭ったり、通り魔などに襲われて負傷するような場合は、原因が直接業務に起因する

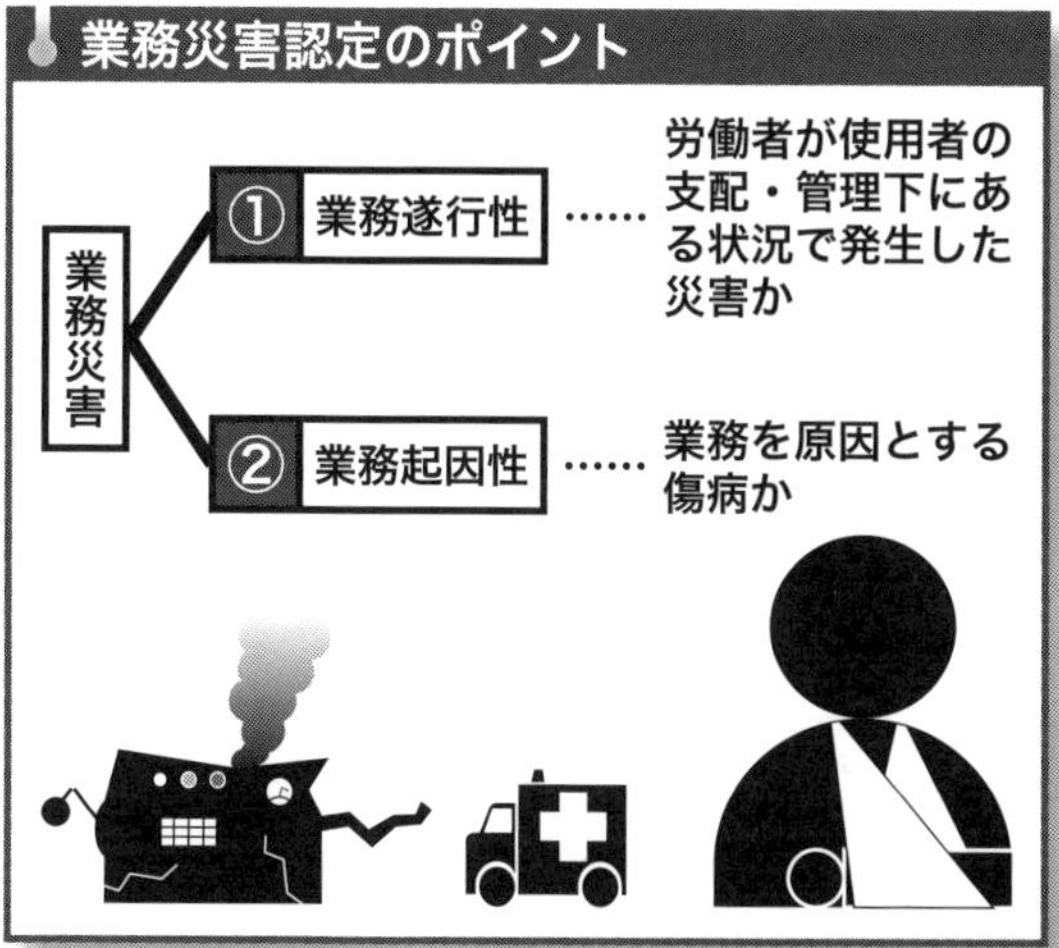
業務災害認定のポイント
業務災害
① 業務遂行性 …… 労働者が使用者の支配・管理下にある状況で発生した災害か
② 業務起因性 …… 業務を原因とする傷病か

とは考えられませんので、業務上の災害とは見なされません。

なお、いわゆる職業病については、当該疾病に特有な症状を呈したなどの場合は、業務起因性が推定されます。たとえば、職業性の腰痛やチェーンソーを使用する林業従事者のはくろう病、粉塵作業従事者のじん肺、看護師や医学研究者の伝染性疾患、発ガン性物質にさらされた労働者のガンなどが挙げられます。

5 通勤災害

通勤災害は労働者が家を出てから帰宅するまでの通常の通勤途上で発生した災害を言います。交通事故が典型例ですが、犯罪多発地帯で深夜に帰宅した労働者が暴漢などに襲われるようなケースも当てはまります。通勤途上の災害は、前項の業務災害と違って、直接業務とは関連しませんが、業務に密接に関連した行為として労働災害の補償の対象になっています（ただし、労働基準法の災害補償の対象とはなりません）。

通勤災害が労災として認定されるためには、次の要件に当てはまることが必要です。

①就業に関する通勤であること

出勤しても仕事をしないまま帰宅するような場合は通勤時間とは認められません。

②住居と就業場所の間の通勤であること、合理的な経路および方法による通勤であること

毎日の通勤経路以外の別のルートで通勤した際に起こった災害でも認められます。ただし、子供を託児所に迎えに行ったり、忘れ物を取りに帰るなどの合理的な理由が必要にな

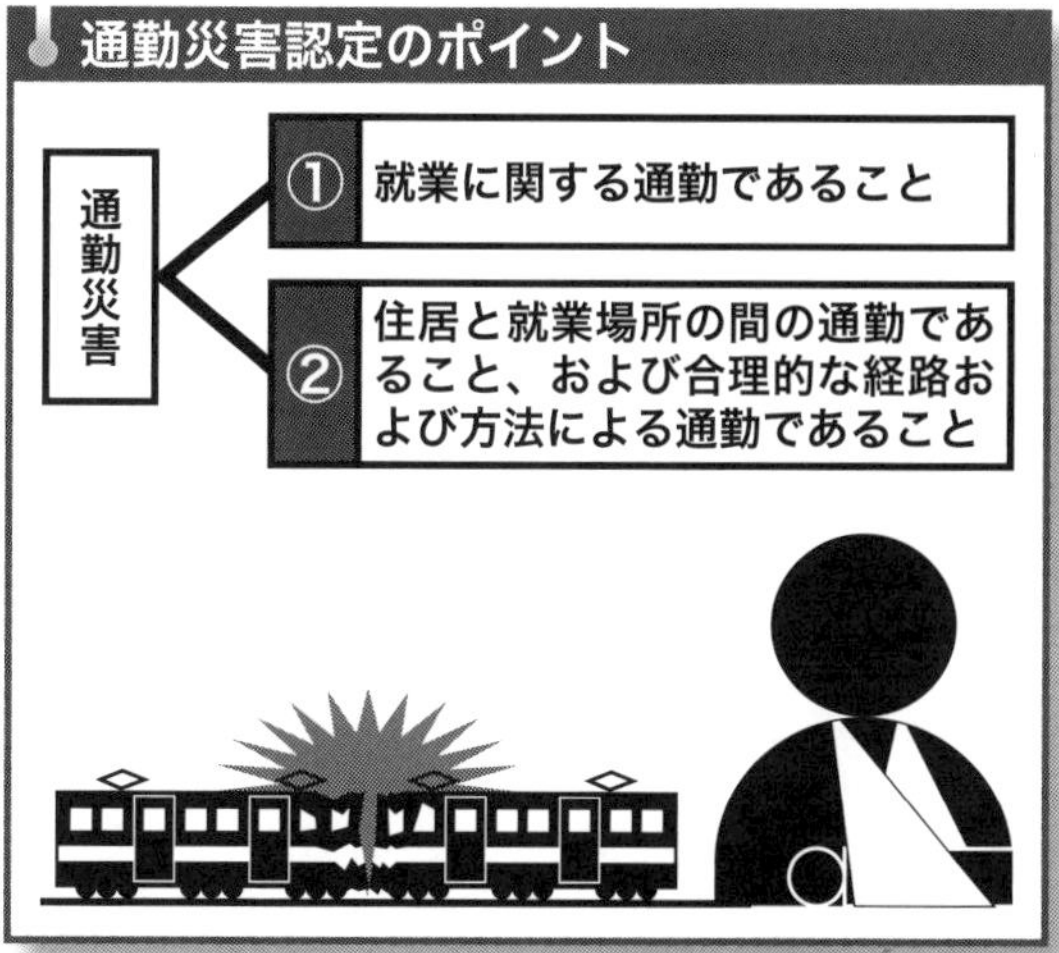
通勤災害認定のポイント
通勤災害
① 就業に関する通勤であること
② 住居と就業場所の間の通勤であること、および合理的な経路および方法による通勤であること

ります。

たとえば、会社帰りに飲食や映画に行くなど、通勤の途中で仕事や通勤と関係ない目的で逸脱や中断があった場合は、その間はもちろん、その後の経路についても通勤とは見なされません。

ただし、公衆トイレの使用や短時間の休憩などのほか、帰宅途中にコンビニやスーパーでの日用品の購入、病院での診療、仕事に関係した能力開発セミナーの受講など、「日常生活上必要な行為による最小限度の逸脱」であれば、その行為の時間以外は通勤時間と見なされます。

6 労働災害と過労死・過労自殺

近年、働きすぎが原因で労働者が死亡する過労死や、働きすぎや業務上のストレスによって労働者がうつ病などの精神障害を患って自殺する過労自殺が問題となっています。これらについても、業務との関係から判断して労災として認定されるケースが増えています。

①過労死

過労死が労災として認定されるためには、死因が厚生労働省の「過労死認定基準」に合致する必要があります。この基準では、過労死が業務による明らかな過重負荷によって労働者の血管疾患などが著しく悪化し、脳や心臓の疾患が発症することによって起こるとしています。したがって、過労死認定のポイントとして、発症直前から前日までの期間にあった異常な出来事や、発症前1週間の過重業務、発症前6カ月間の過重業務について、実労働時間や拘束時間、業務内容、作業環境、不規則な勤務、精神的緊張の伴う勤務、出張や労働時間の多さなどから総合的に判断されます。

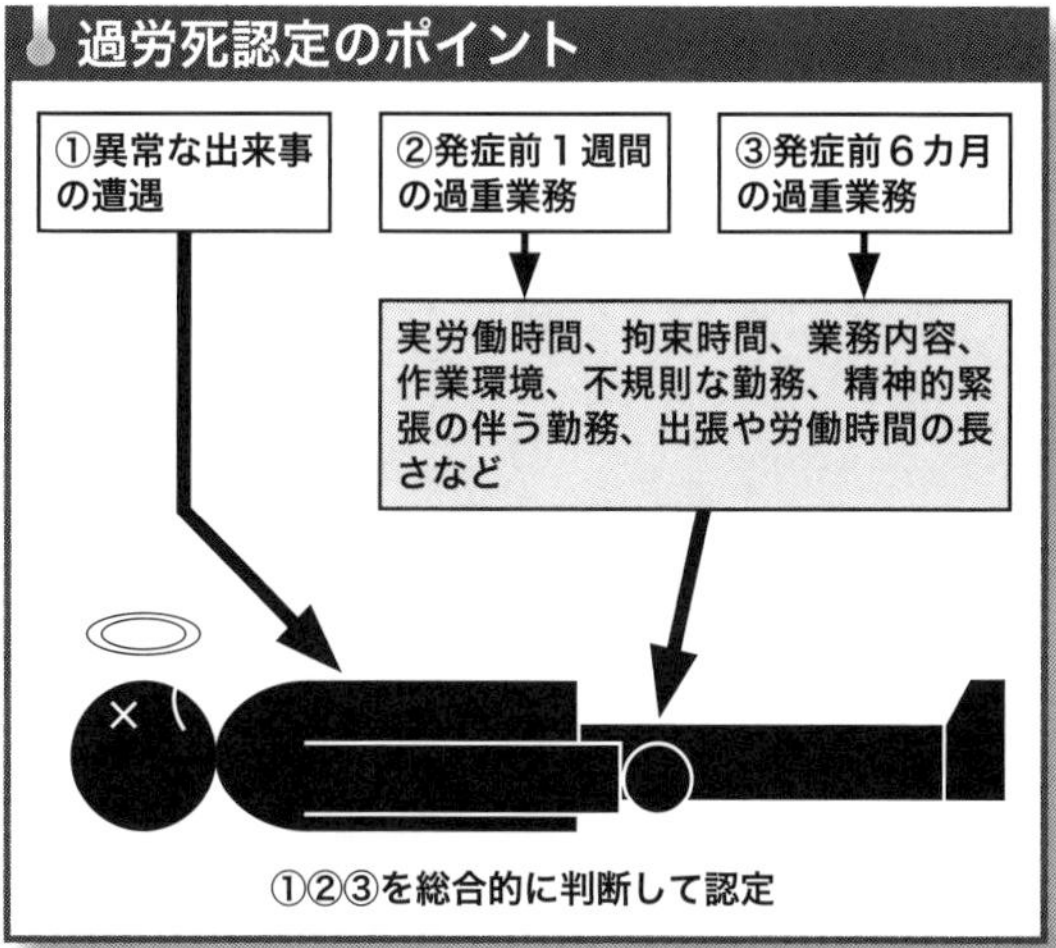
過労死認定のポイント
①異常な出来事の遭遇
②発症前１週間の過重業務
③発症前６カ月の過重業務
実労働時間、拘束時間、業務内容、作業環境、不規則な勤務、精神的緊張の伴う勤務、出張や労働時間の長さなど
①②③を総合的に判断して認定

②過労自殺

労災保険は原則として労働者の故意による死亡（自殺）に対して補償はしないことになっていますが、業務上の心理的負荷によってうつ病などの精神障害を発症して自殺に至ったと認められる場合は業務起因性があるとして労災の対象としています。この業務による精神障害であるか否かの判断については、厚生労働省から労災認定基準が出ており、次のような事項が判断要件とされています。

・精神障害の発症
・業務による強い心理的負荷があったか
・業務以外の強い心理的負荷か、労働者本人に精神障害の既往歴がないか

7 安全衛生管理体制と安全衛生教育

労働安全衛生法は、労働者の安全と健康を確保するのは使用者の義務であるとして、業種や規模に応じて、安全衛生管理体制の整備を義務づけています。

具体的には、使用者は、政令で定められた一定の業種や規模ごとに事業場単位で、総括安全衛生管理者をはじめ、安全管理者や衛生管理者、安全衛生推進者（衛生推進者）、作業主任者、安全委員会または衛生委員会、産業医を選任して設置しなくてはなりません（次ページの図参照）。

また、使用者は職場における安全衛生水準を向上させるために、これらの人々の能力向上を図るための教育や講習を行わなければならないほか、一般の労働者に対しても、雇入れたときや作業内容が変わったときに、従事する業務に関する安全衛生教育（機械や原材料の取り扱い方、安全装置の使い方、作業手順、点検、整理整頓、事故が発生した際の応急処置など）を行わなければなりません。

企業内の安全衛生管理体制

事業者

総括安全衛生管理者
要件：一定規模以上の事業場
役割：安全管理者、衛生管理者などを指揮し、労働者の危険または健康障害を防止するための措置に関する業務などを統括管理する

安全管理者・衛生管理者
要件：50人以上の事業場、衛生管理者のみ全業種
役割：安全・衛生に関する技術的な事項を管理する

安全衛生推進者（衛生推進者）
要件：10人以上50人未満の事業場
役割：安全衛生業務（衛生業務）を担当する

作業主任者
役割：高圧室内作業など、労働災害を防止するための管理を必要とする作業に従事する労働者を指揮する

安全委員会または衛生委員会
要件：安全委員会：50人または100人以上製造業などの事業場
　　　衛生委員会：50人以上の全業種の事業所
役割：労働者の危険や健康障害を防止するための基本となるべき対策に関する事項などを調査審議し、事業者に意見を述べる。両委員会をまとめて安全衛生委員会にすることも可能

産業医
要件：50人以上の全事業場
役割：労働者の健康管理について事業者に必要な勧告を行う

8 健康診断

使用者は、労働者に対して次のような法定の健康診断を行うことが義務づけられています。逆に労働者はこれらの診断を受ける義務がありますが、結果を証明する書面を提出すれば、他の医師による診断を受けても構いません。

①雇入時健康診断

常時使用する労働者を雇入れるときに実施しなければなりません。ただし、労働者から3カ月以内に受けた健康診断の結果を証明する書類の提出があった場合は、その項目については健康診断が免除されます。

②定期健康診断

常時使用する労働者に対して年1回必ず実施しなければなりません。診断の内容は次ページの図のとおりです。

③特殊健康診断

定期健康診断の実施項目

①	既往歴・業務歴の調査
②	自覚症状・他覚症状の有無の検査
③	身長・体重・視力・聴力の検査
④	胸部エックス線検査・喀痰検査
⑤	血圧測定
⑥	貧血検査（赤血球数、血色素量）
⑦	肝機能検査（GOT、GPT、γ-GTP）
⑧	血中脂質検査(総コレステロール、HDLコレステロール、トリグリセライド)
⑨	血糖検査
⑩	尿検査（尿中の糖・淡白の有無の検査）
⑪	心電図検査（安静時心電図検査）

労働安全衛生法によって、有機溶剤や鉛など中毒性のある物質を扱ったり、高気圧環境下や放射線業務などの特殊な有害業務に常時従事する労働者に対して行う特殊健康診断が規定されています。

使用者はこれらの健康診断の結果を労働者本人に通知するとともに、記録を保管する義務があります。また、健康診断の結果、労働者に異常があった場合は、医師などの意見を聴いて、必要に応じて、労働時間の短縮や配置転換などの措置をとらなくてはなりません。とりわけ、脳や心臓に異常が認められた場合は労災保険から、二次健康診断給付が行われます。

第8章

労働組合・労使紛争

1 労働組合の結成、加入

労働組合とは、①労働者が主体となって、②自主的に、③労働条件の維持・改善その他経済的地位の向上を図ることを主な目的として、組織された団体のことです。

したがって、労働者が主体となって組織した団体であっても、文化活動やスポーツなどのサークル的な団体は労働組合には含まれませんし、共済事業や政治活動、社会活動を主な目的とする場合は労働組合法上の労働組合とはみなされません。

労働組合には、会社ごとに組織されるもののほか、産業ごとに組織された大規模なものまで、さまざまなものがあります。2人以上の労働者（組合員）がいれば自由に結成することができますが、あくまでも労働者のための組合なので、会社の取締役や監査役などの役員は当然ながら組合員にはなれませんし、一般的には課長以上の管理職も会社の利益を代表する者とみなされて、組合員になることはできません。

労働組合を結成する際は、設立の目的、組合員資格、役員構成、活動内容など、労働組

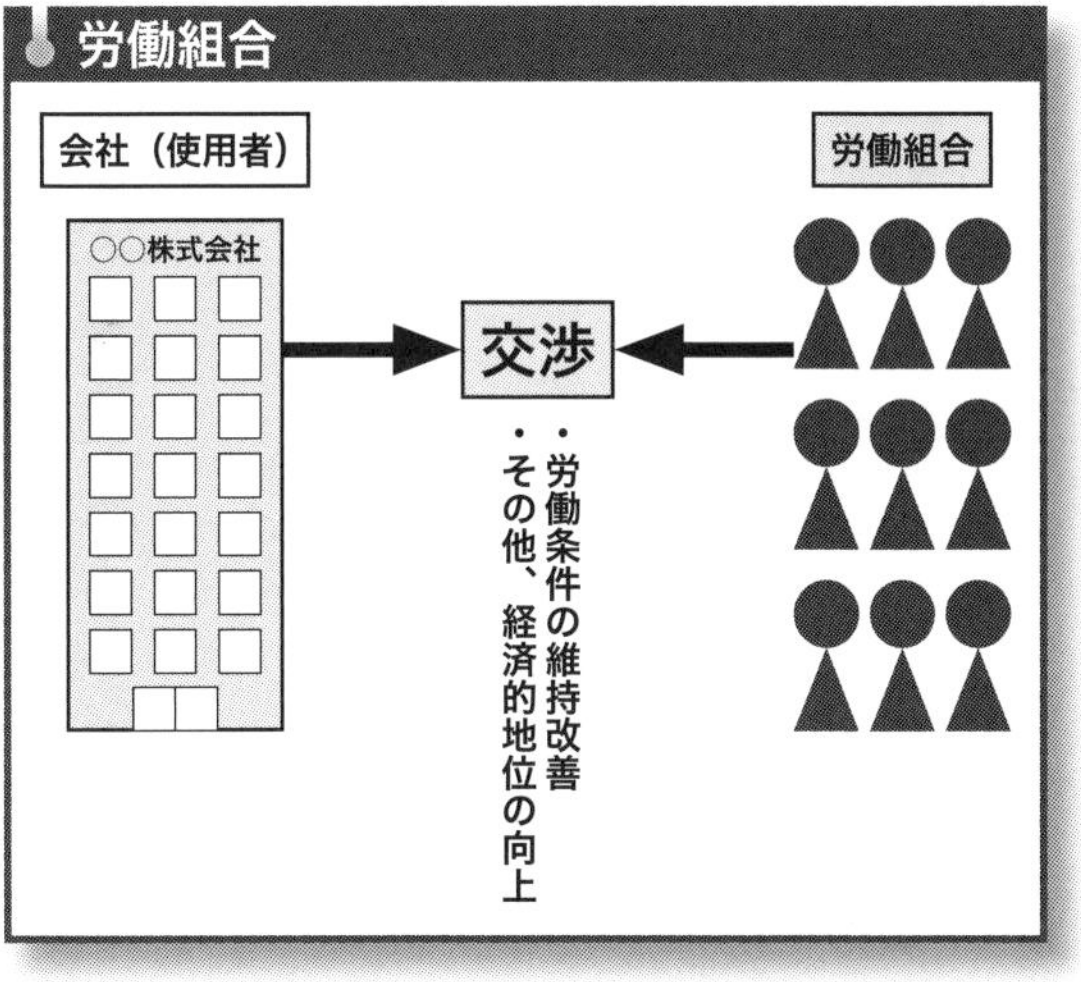

合法に基づいた組合規約を作成する必要があります。組合を結成したら、通常は会社にその旨を通告します。このとき、会社は組合の結成を拒むことはできません。

また、労働組合に加入するかどうかは原則として労働者の任意です。ただし、労働組合がその会社の労働者の過半数を代表している場合は、会社と労働組合の間で、労働組合の組合員であることを雇用の条件とする労働協約を締結することが認められます。これをユニオンショップ協定と言います。逆に、組合への加入を雇用の条件としていない場合を、オープンショップと言います。

2 労働組合活動と不当労働行為

労働組合の活動で最も重要なのは、使用者に対して、組合員の労働条件や賃金、福利厚生、安全衛生、労災防止などの改善要求を提出することです。したがって、使用者の専権的事項とされる役員や管理者の任免、経営方針、経営組織、会社施設の改廃などに対する要求はできませんが、それらが労働者の利益に影響を及ぼすと考えられれば、要求の対象となります。

これらの要求を行う場が団体交渉です。団体交渉の申し入れがあった場合、使用者は正当な理由がない限り、これを拒絶することはできません。交渉の日時および場所は、労使間で話し合って決めます。交渉の時間は勤務時間外とするのが原則ですが、使用者が認めれば勤務時間内でもかまいません。交渉の出席者は労使双方とも最終的に権限を持つ者であれば誰でも可能です。一般に会社側からは役員、組合側からは組合役員が出席します。

その他、日常において組合員に対する教育宣伝、連絡・通報なども労働組合の活動です

使用者がしてはならない不当労働行為

①	労働組合への加入、組合の結成、その他労働組合の正当な行為をしたことなどを理由に、その労働者を解雇したり、不利益な取扱いをすること
②	労働組合に加入せず、または労働組合から脱退することを雇用条件とすること
③	正当な理由なく、団体交渉を拒否すること
④	労働組合の結成、運営に介入したり、労働組合に対して経理上の援助をすること

が、これらの活動は原則として始業時間前、もしくは終業後、または休憩時間といった勤務時間外に行わなければなりません。

なお、労働組合法には、労働組合に対して使用者がしてはならない行為（不当労働行為）が定められています。まず、使用者は労働者の組合への非加入や脱退を雇用条件としたり、組合員であることや組合へ加入もしくはこれを結成しようとしたこと、あるいは組合の正当な行為をしたことを理由に、その労働者の給与を不当に低くしたり、昇進・昇格を遅らせたり、職場を異動させたり、解雇することなどをしてはなりません。さらに、組合の結成や運営に対して、支配介入や運営経費の援助を与えることをしてはなりません。

3 労使間の紛争と処理

団体交渉で合意が達した場合、労使双方が合意内容を書面化した労働協約を結び、両当事者が署名または記名押印することによって効力を生じます。

労働協約の内容は労働条件や待遇事項のほか、協約の適用範囲や組合活動、労使交渉のルールなどです。もし、労働協約で合意した労働条件や待遇事項よりも、就業規則や労働契約の内容が下回った場合は、労働協約の方が優先され、就業規則や労働契約のその部分は無効となります。また、労働協約は会社と労働組合の間で結ばれる契約なので、その効力は会社と組合員に限定されますが、組合員が1つの事業場で常時働く同種の労働者の4分の3以上を占めていれば、組合員以外の全労働者にも適用されます。なお、労働協約の有効期間は最長3年で、それを超える期間の定めをすることはできません。

一方、団体交渉で労働組合の要求が実現しなかった場合、労働組合は最後の手段として争議行為に訴えることができます。争議行為とは、同盟罷業（ストライキ）、怠業（サボ

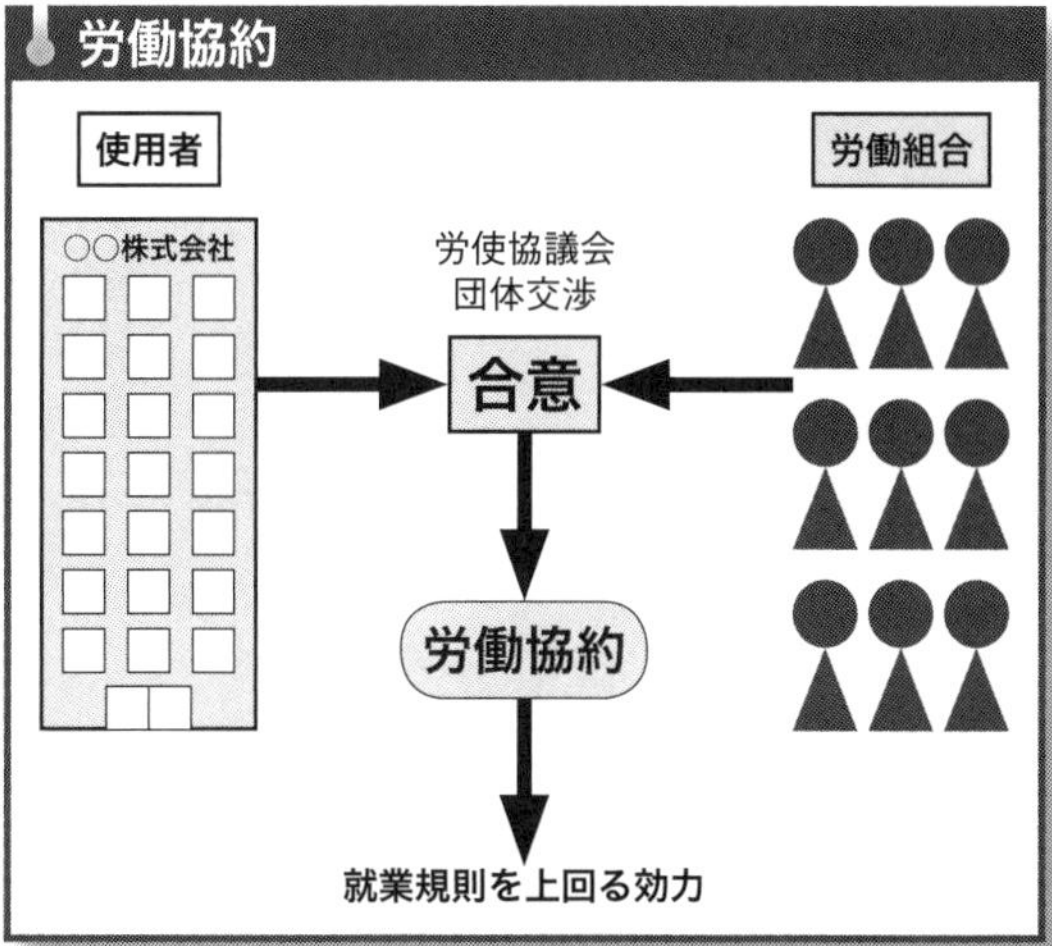

タージュ)、ピケッティングなど、労働関係の当事者がその主張を貫徹することを目的として行う行為およびこれに対抗する行為であって、業務の正常な運営を阻害するものを言います。争議行為は労働者の権利として認められていますので、民事責任や刑事責任が免責されますが、暴力行為を伴うものは免責の対象とはなりません。

労働組合が争議行為を行うには、まず組合大会を開催して、組合員の意思を問い、決議をします。争議中の組合員の賃金は支払われません。もし会社が争議中の組合員の賃金を支払った場合、経費援助として前項で説明した不当労働行為となります。

4 個別労働紛争①

労働者と使用者との間に労働条件やその他の問題についてトラブルが発生した際、従来は前項までで説明した労働組合の組合員になって、団体交渉という形で交渉するのが一般的でした。しかし、近年は労働組合の加入者が減る一方、労働者の権利意識の変化などにより、個々の労働者が会社と直接交渉（個別労働紛争）することが増えています。

紛争の解決手段としては裁判がありますが、コストや時間がかかるため、一般の労働者にとっては敷居の高いものでした。そこで、2001年に「個別労働関係紛争の解決の促進に関する法律」が労働条件などに関する会社とのトラブルをスピーディに解決することを目的に制定されました。

具体的には、次の2つの方法を定めています。

①都道府県労働局長による助言・指導

厚生労働省の地方支分部局の1つである都道府県労働局が、個別労働紛争の一方または

個別労働紛争（その1）

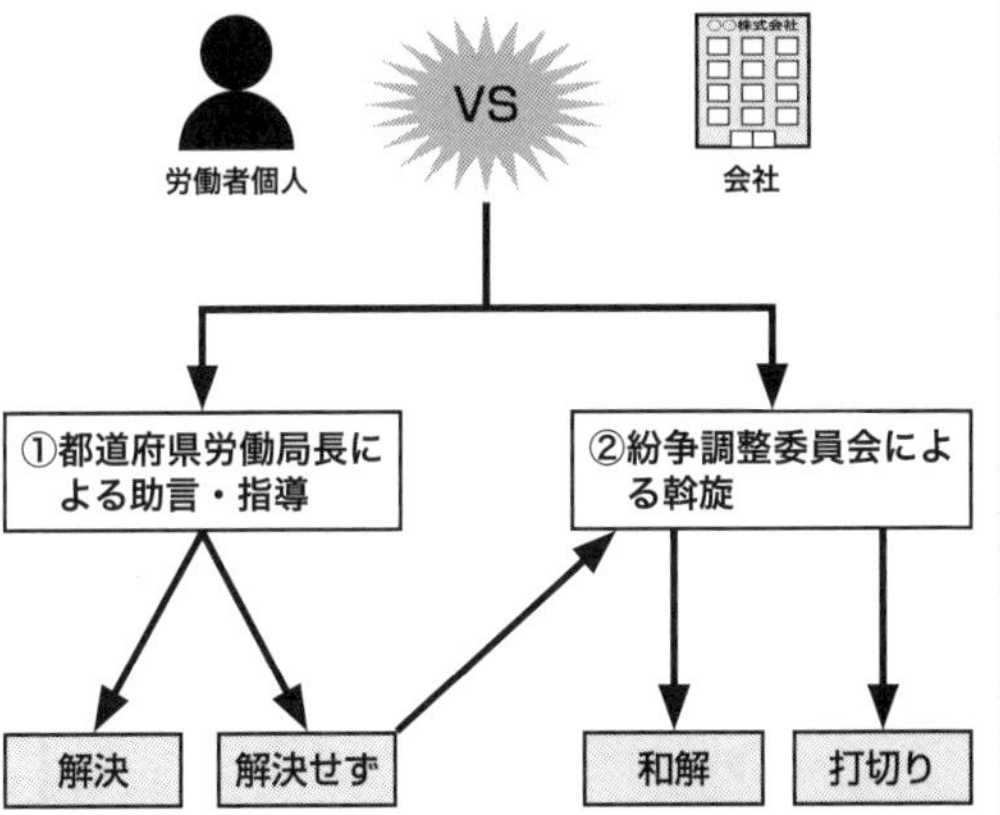

双方の当事者からの求めを受けて、紛争の問題点を指摘し、解決の方向を示唆します。ただし、あくまでも助言・指導なので、強制力はありません。

②紛争調整委員会による斡旋

紛争調整委員会（弁護士や学者などの労働問題の専門家によって組織され、都道府県労働局に設置された委員会）が個別労働紛争当事者双方の主張を聞いたり、必要に応じて参考人から意見を聞いて、中立的立場から、両者がとるべき具体的な和解案を斡旋します。斡旋なので一方の当事者から申請があっても、他方の当事者は応じる義務はありませんし、呈示された斡旋案に不服な場合は拒否することができます。

5 個別労働紛争②　労働審判制度

労働審判制度とは、個々の労働者と会社との間に生じた労働関係のトラブルについて、地方裁判所の裁判官（労働審判官）1名と労働関係に関する専門家である審判員（労働審判員）2名からなる労働審判委員会が中立的立場から審理する制度です。個別労働紛争をスピーディに解決するために2006年4月から導入されました。

労働審判制度は、一方の当事者からの申立てに基づいて、他方の当事者の意向にかかわらず進められます。原則として労働審判委員会は調停を試みますが、調停が成立しない場合は、審理の結果認められた当事者間の権利関係と手続きの中で現れた諸事情を考慮して、一定の法的拘束力を持つ労働審判を結論として出します。この労働審判は原則として3回以内の期日に審理を終結することになっていますので、従来の民事訴訟手続きによる裁判に比べて、費用や時間がかかりません。

労働審判の内容に当事者双方が異議のない場合、労働審判は裁判上の和解と同じ効果を

個別労働紛争（その2）

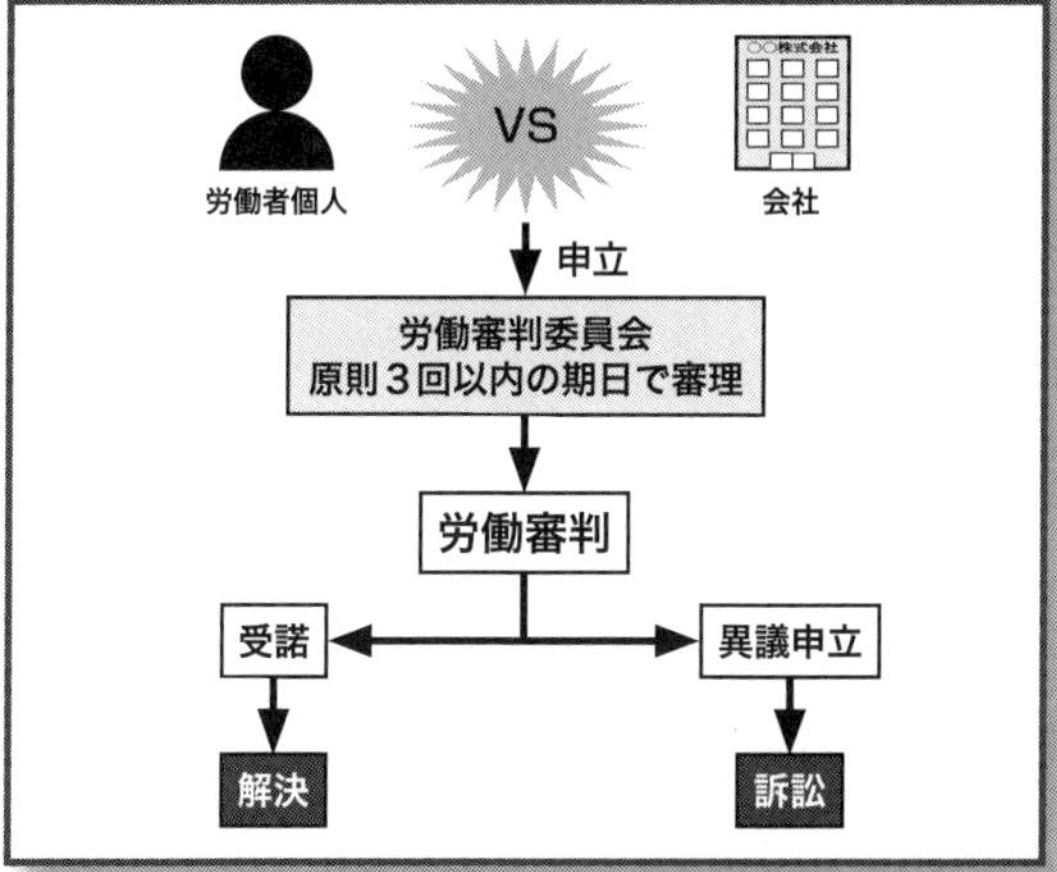

持ち、紛争解決となります。
　逆に不服がある当事者は、告知を受けた日から2週間以内に、裁判所に異議申立を行うことができます。この場合、労働審判は失効になると同時に訴えの提起があったものとみなされ、改めて訴状を出すことなく、通常の民事訴訟手続による裁判に移行します。また、労働審判委員会が労働審判を行うことが不適当であると判断したときも、同様に訴訟に移行することになります。

6 労働基準監督署による調査

労働基準監督署は、使用者に労働基準法の違法行為があることについて判明したり、労働者からの告発があったときは、監督官が使用者の事業場や寄宿舎などを調査（臨検）し、帳簿や書類（就業規則、労働者名簿、賃金台帳、タイムカード、36協定など）の提出を求めたり、事前通知なしに立ち入り調査を始めたり、使用者や労働者に対して尋問する権限を持っています。

監督官は、司法警察職員として強制捜査を行う権限を持ち、必要に応じて使用者に出頭を命じたり、使用者を逮捕する権限を有します。

労働基準監督署の調査には、**定期監督**と**申告監督**の2種類があります。定期監督は、労働基準監督署の定期的な計画に基づいて実施されるもので、申告監督は、社内外の労働者からの告発や情報提供によるものです。後者の場合、使用者はこの告発を理由に労働者に対して解雇やその他の不利益な扱いをすることはできません。

労働基準監督署による調査

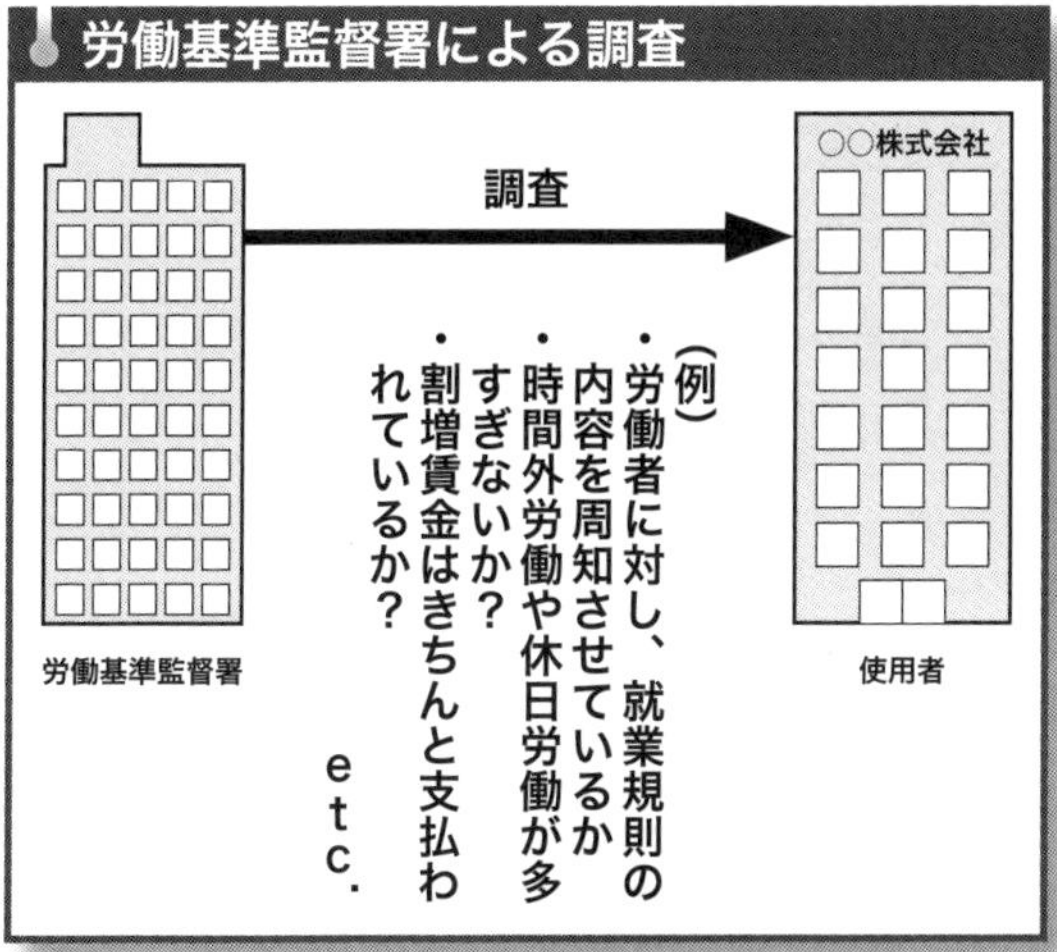

なお、調査の結果、法令違反が認められたとき、労働基準監督署は違反事項と是正期日を記した「是正勧告書」を使用者に渡します。使用者はこの勧告書の指導に従って、是正期日までに改善のための必要な措置をとり、「是正報告書」を提出しなければなりません。

この是正勧告はあくまでも勧告なので、必ずしも指摘されたことすべてを是正する必要はありません。法令違反ではないと考える事項については、監督官や社会保険労務士と相談の上、適切な対応をとります。しかし、是正勧告書の内容を無視したり、報告書に虚偽があった場合は、悪質と見なされて検察庁へ書類送検されて懲役や罰金が課される可能性もありますので、注意しましょう。

第9章

多様化する雇用形態

1 パートタイム労働者①

近年、労働力として欠かすことのできない存在になっているのが、いわゆるパートタイム労働者（パートタイマー）です。

パートタイム労働者はパートタイム労働法で「1週間の所定労働時間が同一の事業所に適用される通常の労働者の1週間の所定労働時間に比べて短い労働者」と定義されているように、正社員との違いは1週間の労働時間の長さにすぎません。したがって、前記の定義に合致していれば、「アルバイト」「嘱託」「契約社員」「臨時社員」「準社員」など会社ごとに異なる呼び方をされていても、法律的にはすべてパートタイム労働者となります。

パートタイム労働者も労働基準法における労働者として、これまで説明してきた賃金、休日・休暇、退職、解雇などに関するさまざまな規定が適用されるように使用者は取り扱わなければなりません。しかし、パートタイム労働者の場合、現実には待遇面で正社員より低く扱われる状況が長く続きました。

パートタイム労働者の定義

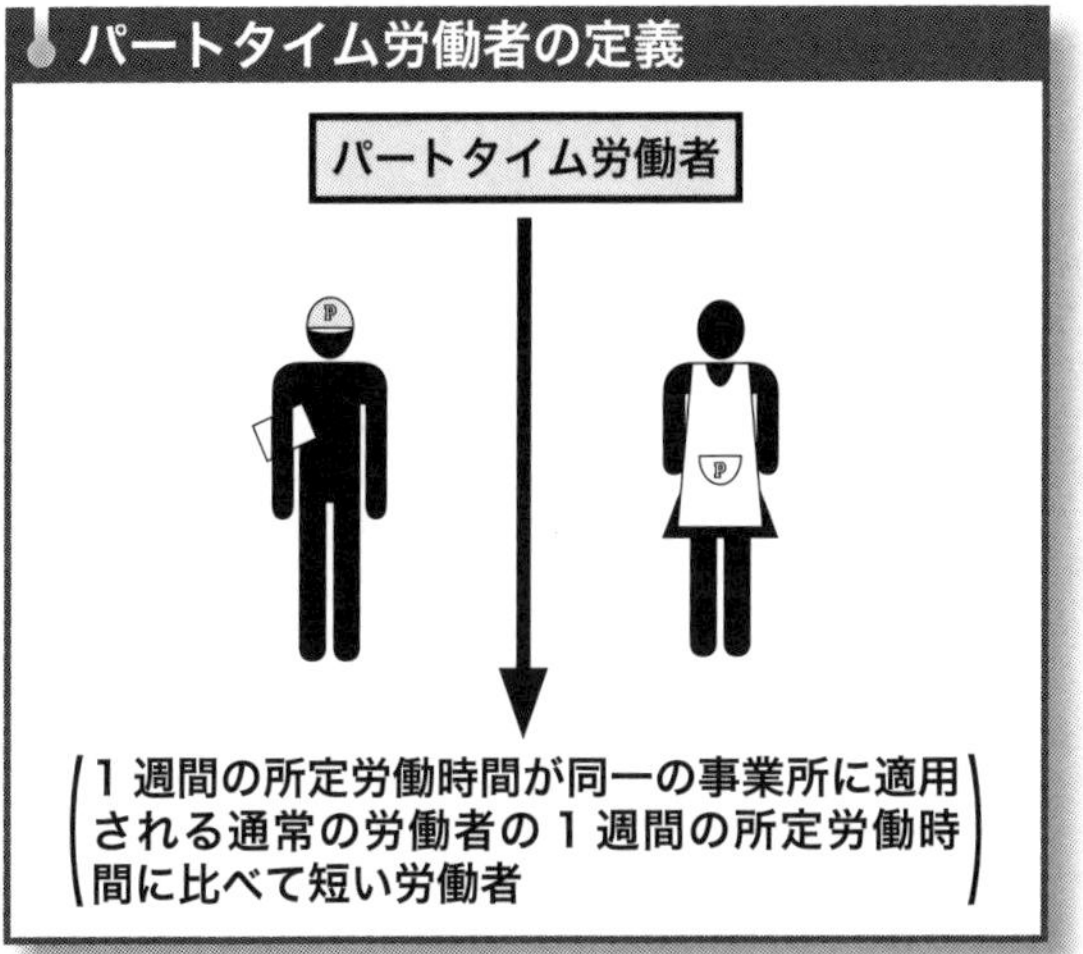
パートタイム労働者
1週間の所定労働時間が同一の事業所に適用される通常の労働者の1週間の所定労働時間に比べて短い労働者

そこで、パート労働者と正社員の間の労働条件に関する待遇差別を禁止する目的で、「パートタイム労働法」が制定され、2008年4月1日からはその改正法が施行されることになっています。改正法では、パートタイム労働者を雇入れる際、事業主は労働基準法で書面での明示が義務づけられている絶対的明示事項（36ページ）に加え、「昇給の有無」「退職手当の有無」「賞与の有無」についても速やかにパートタイム労働者に文書（パートタイム労働者が希望した場合は電子メールやファックスでも可）で明示することが義務づけられました。これに違反して、行政指導を行っても改善がない事業主は10万円以下の過料に処せられます。

2 パートタイム労働者②

前項で説明した事項のほかに、2008年4月より施行される改正パートタイム労働法では、次のような義務が事業者に課せられます。

まず、職務内容が正社員と同視すべきパートタイム労働者については、賃金の決定や、教育訓練、福利厚生で差別的取扱いをしてはなりません。次に、パートタイム労働者が正社員になることを推進させるために、次のいずれかの措置を行わなくてはなりません。

・正社員を募集する際、その募集内容について雇用中のパートタイム労働者に周知する
・正社員用のポストを社内公募する場合は、雇用中のパートタイム労働者にも応募する機会を与える
・試験制度などパートタイム労働者が正社員へ転換するための制度を設ける

具体的には、次ページの図のようにパートタイム労働者を4種類に区分し、それぞれ賃金、教育訓練、福利厚生施設の利用について、正社員との均衡待遇を求めています。

パートタイム労働者の種類ごとの待遇格差是正措置

パートタイム労働者の態様	通常の労働者と比較して 職務	人材活用の仕組み	契約期間	賃金 職務関連（基本給・賞与・役職手当）	それ以外（通勤手当・退職手当など）	教育訓練 職務遂行に必要な能力を付与するもの	それ以外のもの（ステップアップを目的とするもの）	福利厚生施設の利用 健康の保持または業務の円滑な遂行に資する施設の利用	それ以外のもの（慶弔休暇、社宅の貸与など）
①正社員と同視すべきパートタイム労働者	同じ	全雇用期間を通じて同じ	無期または反復更新により無期と同じ	◎	◎	◎	◎	◎	◎
②正社員と職務および人材活用の仕組みが同じパートタイム労働者	同じ	一定期間は同じ	―	□	―	○	△	○	―
③正社員と職務が同じパートタイム労働者	同じ	異なる	―	△	―	○	△	○	―
④正社員と職務も異なるパートタイム労働者	異なる	異なる	―	△	―	△	△	○	―

［講じる措置］
◎……パートタイム労働者であることによる差別的取扱いの禁止
○……実施義務・配慮義務
□……同一の方法で決定する努力義務
△……職務の内容、成果、意欲、能力、経験などを勘案する努力義務

3 派遣労働者① 派遣労働のしくみ

パートタイム労働者と並んで近年増加しているのが派遣労働者です。派遣労働者は派遣元（人材派遣会社）と派遣先（派遣を依頼した会社）との労働者派遣契約に基づいて、派遣元から派遣先へ派遣された労働者です。通常の雇用形態と異なるのは、派遣労働者が労働契約を結んでいるのはあくまでも派遣元であり、派遣先とは業務上の指揮命令関係にあるにすぎないという点です。

この三者の労働法上の関係は整理すると、以下のとおりとなります。

①派遣元と派遣労働者の関係

派遣元は派遣労働者と労働契約を締結しているので、賃金支払義務を負うのはもちろん、時間外・休日労働協定の締結、年次有給休暇、賃金、割増賃金、産前産後休暇、災害補償、一般的健康管理などの基本的な責任を負います。

②派遣先と派遣労働者の関係

派遣労働者の労働契約関係

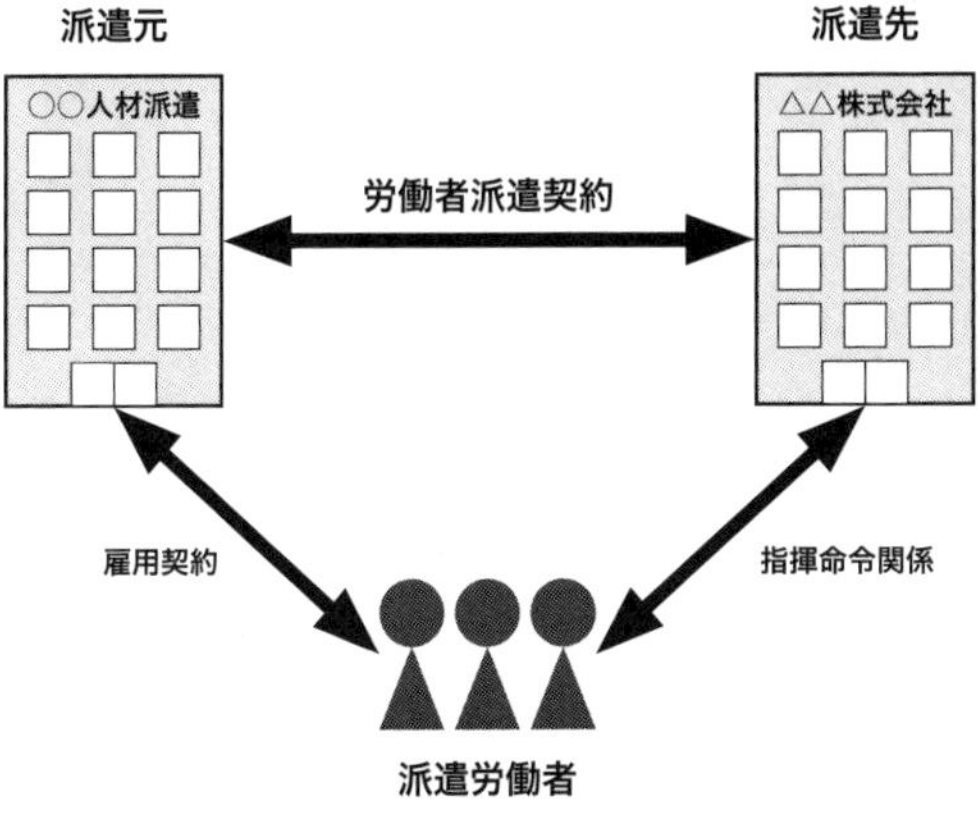

雇用関係ではなく、指揮命令関係があるだけですが、派遣先は実際に派遣労働者を使用する立場にあるので、労働時間、休憩、休日、深夜業、危険有害業務の就業制限、安全衛生管理、育児時間、生理休暇などについて具体的管理の責任を負います。なお、残業をさせたい場合は派遣労働者と派遣元との間に36協定が結ばれている必要があります。

③派遣元と派遣先の関係

労働者派遣契約の内容として、派遣労働者が従事する業務の内容や所在地、勤務時間、指揮命令に関して明確にする必要があります。

なお、労働者派遣事業法では、港湾運送業務、建設業務、警備業務、医療関係の業務について、派遣事業を禁止しています。

4 派遣労働者② 派遣期間

派遣労働者を受け入れる場合、その業務の内容によって、派遣期間に制限があります。一般的な業務を行う派遣労働者の派遣期間は原則として1年が上限とされていますが、派遣先が事業場の労働者の過半数代表者から意見聴取を行った場合は、3年まで受け入れることができます。ただし、政令で定められている専門26業務（次ページの図表参照）の派遣労働者については、派遣期間の上限はありません。

また、直前の派遣期間と次の派遣期間の間が3カ月を超えている場合、派遣期間の継続とは見なされないので、同じ業務に再度受け入れることができます。さらに、派遣契約は派遣元と派遣労働者の合意があれば、前述の派遣制限期間の範囲内で更新することができます。一方、派遣先は正当な理由なく一方的に派遣契約を解除することはできません。解除する場合、派遣先は契約解除しようとする日の30日以上前に予告するか、30日分以上の賃金相当の損害賠償を支払う必要があります。また、派遣先の事情で派遣契約が解除され

派遣期間の上限がない専門26業務

①コンピュータシステム・プログラムの設計・保守業務
②設備設計・製図業務
③放送制作における映像音声機器などの操作業務
④放送番組などの演出業務
⑤事務用機器の操作業務
⑥通訳，翻訳，速記業務
⑦管理的地位にある者の秘書業務
⑧ファイリング業務
⑨新商品の開発，販売のための調査整理・分析業務
⑩財務処理業務
⑪取引文書作成業務
⑫機械の紹介・説明業務
⑬旅程管理業務，送迎サービス業務
⑭建築物清掃業務
⑮建築設備運転，点検，整備業務
⑯受付案内業務
⑰科学的知識を用いた製造方法開発業務
⑱企業の調査，企画，立案業務
⑲出版物編集業務
⑳デザイン考案，設計，表現業務
㉑インテリアコーディネート業務
㉒放送番組等の司会業務
㉓事務用機器操作の指導業務
㉔商品説明，相談，勧誘業務
㉕機械など，プログラム，金融商品の説明相談・勧誘業務
㉖放送番組などの制作における大道具，小道具，製作，設置，配置，操作，搬入または搬出業務

た場合でも、残りの派遣期間、派遣元は派遣労働者を雇用する義務があります。

なお、派遣期間の制限を超えたとき、派遣労働者が派遣先に雇用されることを希望し、派遣先も引き続き使用したい場合は、派遣先は派遣労働者に対して、直接雇用の申込をしなければなりません。派遣期間の上限がない専門26業務であっても、派遣先が3年以上継続して同じ派遣労働者を受け入れていて、新たに労働者を雇用する場合は、その派遣労働者に対して、直接雇用の申込をする義務があります。その他、1年以上同じ派遣労働者を受け入れた派遣先が新たに労働者を雇用する場合は、その派遣労働者を直接雇用するように努めなければなりません。

5 派遣労働者③　業務請負との違い

派遣労働者と表面上似たような形態でありながら、法律的な意味合いが異なるのが、請負契約による業務請負（委託）です。

業務請負は業務の発注者が請負契約を結んだ請負業者（受託者）に対して、「仕事の完成」を目的に業務を依頼するものです。したがって、その業務の具体的な遂行方法は受託者に委ねられており、発注者には受託者の労働者に対する指揮命令権はありません。

昨今、製造業や情報サービス業などにおいて、形式的には請負契約の形を取りながら、実態としては労働者派遣になっている、いわゆる「偽装請負」が問題となっています。多くの場合、労働者は受託者からではなく、発注者から直接業務の指示や命令を受けたり、労務管理をされています。

このような偽装請負は、労働者派遣法に定められた派遣元（受託者）と派遣先（発注者）の責任や義務を免れるために行われているものとして、取り締まりの対象となっています。

労働者派遣契約と請負契約の違い

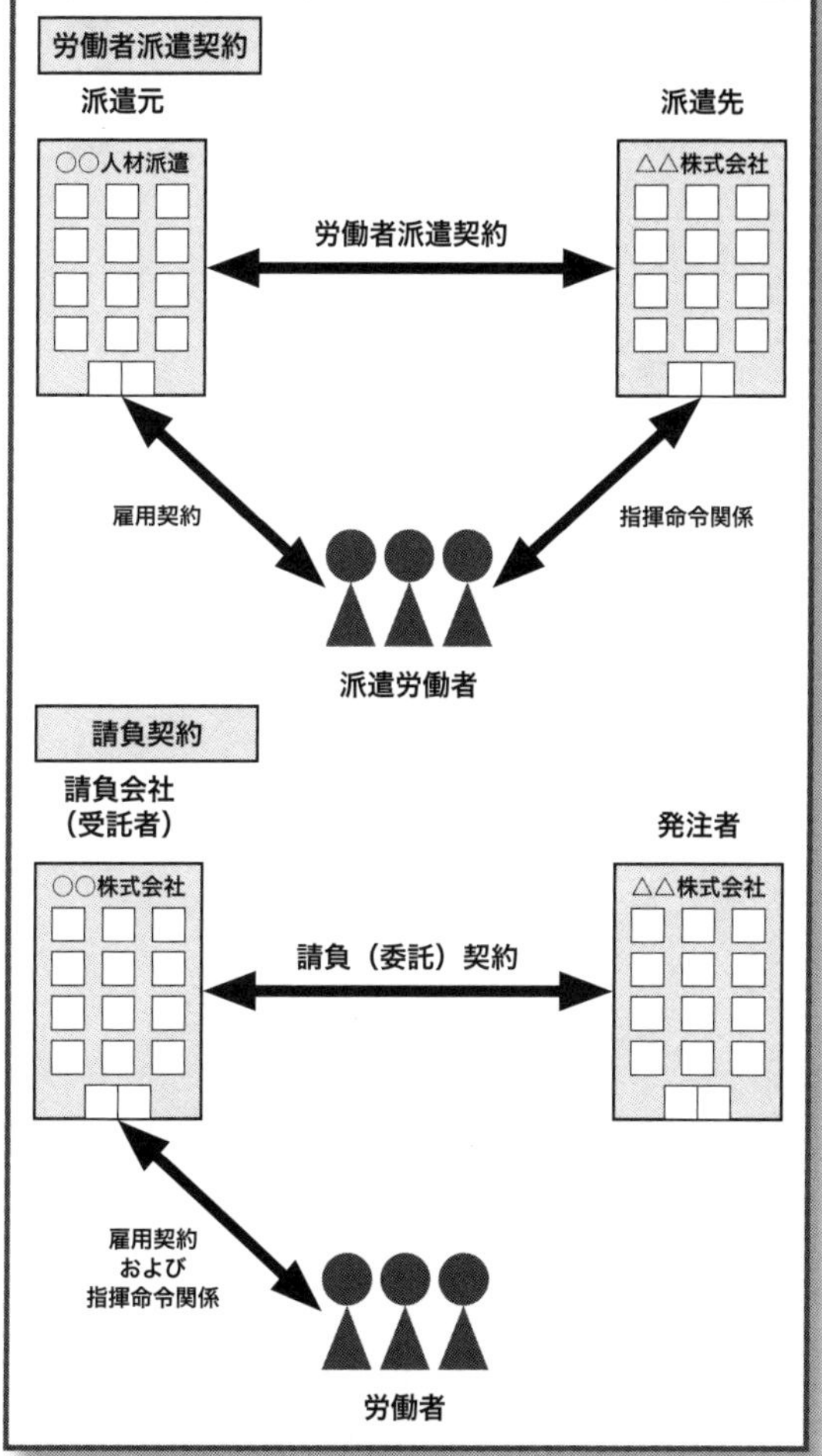

6 契約社員

契約社員は労働法上に規定のない雇用形態です。一般的には正社員とは異なる労働条件を定めた労働契約を使用者との間に個別に結んで働く労働者を指すとされます。ただし、前述したパートタイム労働者や請負契約に基づいて働く労働者なども含んで、正社員以外の労働者に対する総称として「契約社員」という言葉を使っている会社もあり、使用者によって、定義はまちまちです。本項では最初に記した定義で説明を行います。

契約社員であっても、使用者との間に労働契約を結び、賃金を受け取る以上、労働基準法の「労働者」として扱われ、正社員と同様に保護されることは同じです。

契約社員の雇用で気をつけなくてはならないのは、以下のような点です。

①契約期間

契約社員の場合、期間に限りがある有期労働契約であることが一般的であり、有期労働契約に関する規定（40ページ）が適用されます。有期労働契約の期間は原則として3年が

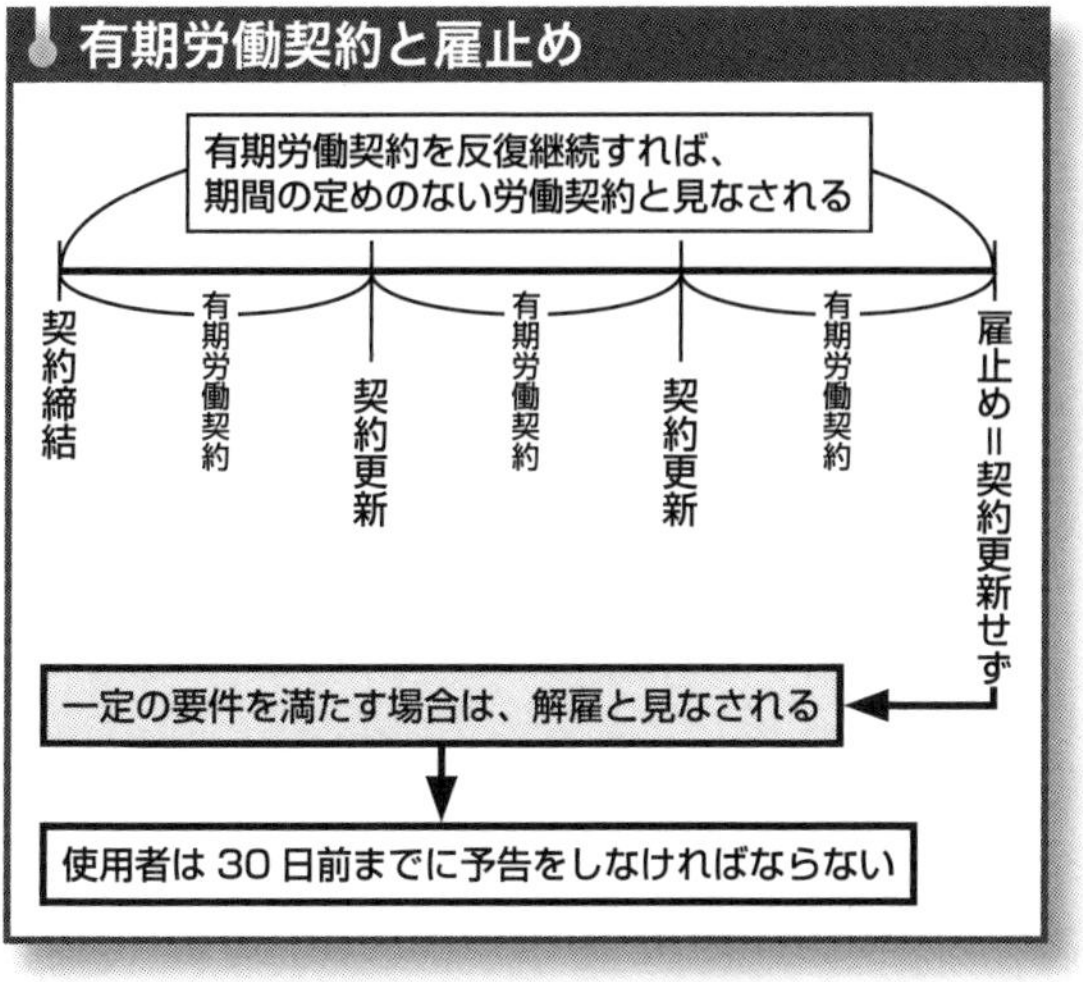
有期労働契約と雇止め
有期労働契約を反復継続すれば、期間の定めのない労働契約と見なされる
契約締結
有期労働契約
契約更新
有期労働契約
契約更新
有期労働契約
雇止め＝契約更新せず
一定の要件を満たす場合は、解雇と見なされる
使用者は30日前までに予告をしなければならない

上限ですが、厚生労働大臣が定める基準に該当する専門的知識や技術、経験を有する労働者（博士号取得者、弁護士、特許発明者など）や満60歳以上の労働者を雇い入れる場合は上限は5年となります。契約更新を何度も繰り返す場合は、いわゆる「雇止め」が問題となります。（41ページ参照）

②労働時間

　契約社員は、前述したパートタイム労働者と区別するために、フルタイムで働く契約になっていることが一般的です。フルタイムではなく1週間の労働時間が正社員と比べて短い形態になっている場合は、パートタイム労働者として扱わなければなりません。

7 高年齢者の雇用

少子高齢化の深刻化による労働力減少に対処するために、高年齢者の雇用の継続、および再就職の促進、能力の有効活用が大きな課題になっています。

すでに136ページで説明したとおり、高年齢者雇用安定法により、事業者は従来60歳とされてきた定年を平成18年から25年までに段階的に65歳まで引き上げることが義務づけられ、①定年の引上げ、②継続雇用制度の導入、③定年の定めの廃止のうち、いずれかの措置をとらなくてはなりません。

この中で②継続雇用制度は、現に雇用している高年齢者が希望するときは定年後も引き続き雇用する制度です。高年齢者の安定した雇用が確保されるものであれば、必ずしも労働者の希望に合致した職種や労働時間を反映した労働条件である必要はありません。

また、継続雇用制度を導入する場合は、原則として希望者全員を対象とすることが求められますが、労使協定によって対象となる高年齢者の基準を定めることができます。ただ

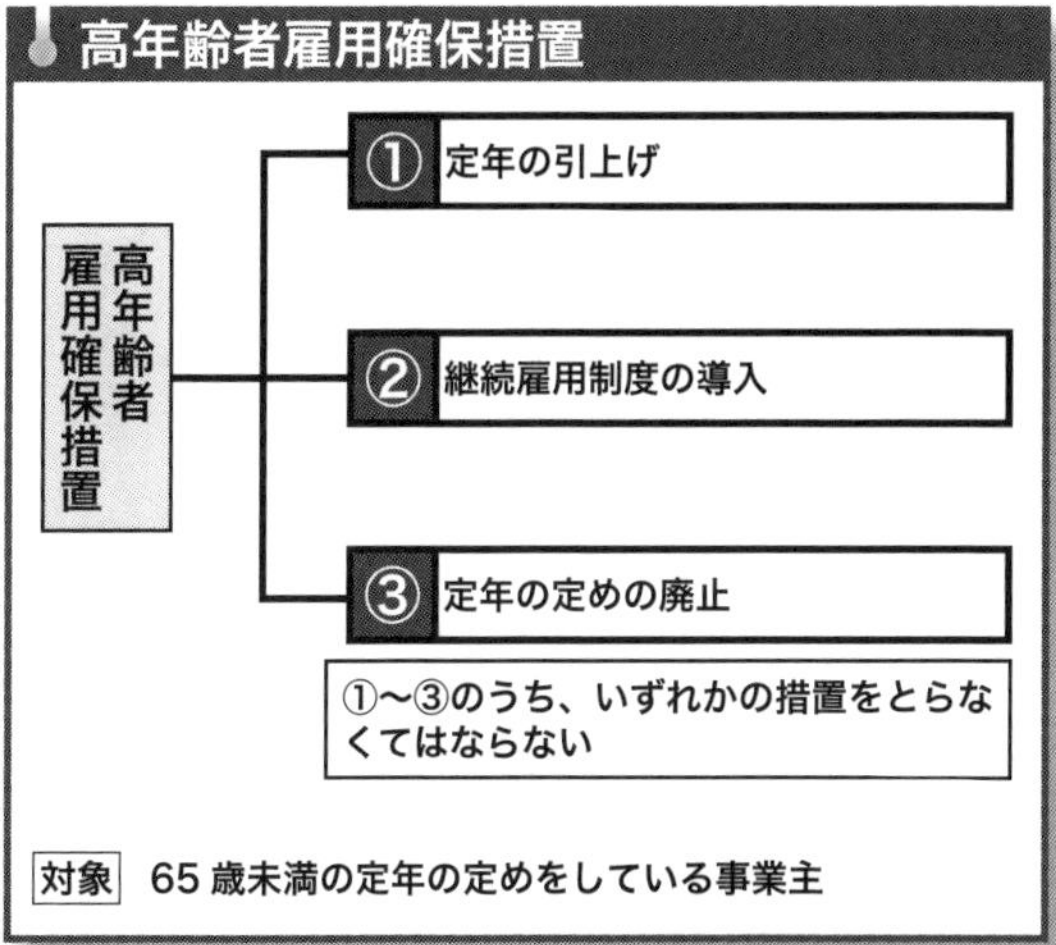
高年齢者雇用確保措置
高年齢者雇用確保措置
① 定年の引上げ
② 継続雇用制度の導入
③ 定年の定めの廃止
①～③のうち、いずれかの措置をとらなくてはならない
対象　65歳未満の定年の定めをしている事業主

し、事業者が恣意的に特定の労働者を排除するような内容の基準は認められません。

一方、事業主の都合による解雇、または継続雇用制度の対象となる基準に該当しなかったことにより、離職が予定されている高年齢者（45歳以上65歳未満）が希望する場合、事業主は在職中のなるべく早い時期から、その高年齢者が主体的に求職活動を行えるように、職務の経歴や職業能力など再就職に資する事項および事業主が講ずる再就職援助措置を記載した求職活動支援書を作成して、本人に交付しなければなりません。

このほか、定年引上げを実施したり、定年の定めを廃止した中小企業に対しては、奨励金や助成金の支給制度があります。

8 児童、年少者、未成年者の雇用

児童や年少者、未成年者などの雇用については、以下のような制限があります。

①最低年齢

15歳未満および満15歳になってから最初の3月31日がすぎていない児童を労働者として使用することは原則としてできません。ただし、例外として、満13歳以上の児童については、健康や福祉に有害でなく、かつ軽易な労働であれば、行政官庁の許可を受けることで修学時間以外に使用することができます。また、満13歳に満たない児童についても、許可を得ればいわゆる「子役」として映画や演劇に出演させて働かせることができます。ただし、満15歳未満の児童の労働時間は、修学時間（休憩や昼食時間を除く）を通算して、1週40時間、1日7時間が限度です。

②児童を使用してはいけない業種

・労働基準法の禁止業種……製造改造加工修理、鉱業、土木建築業、道路や鉄道などの

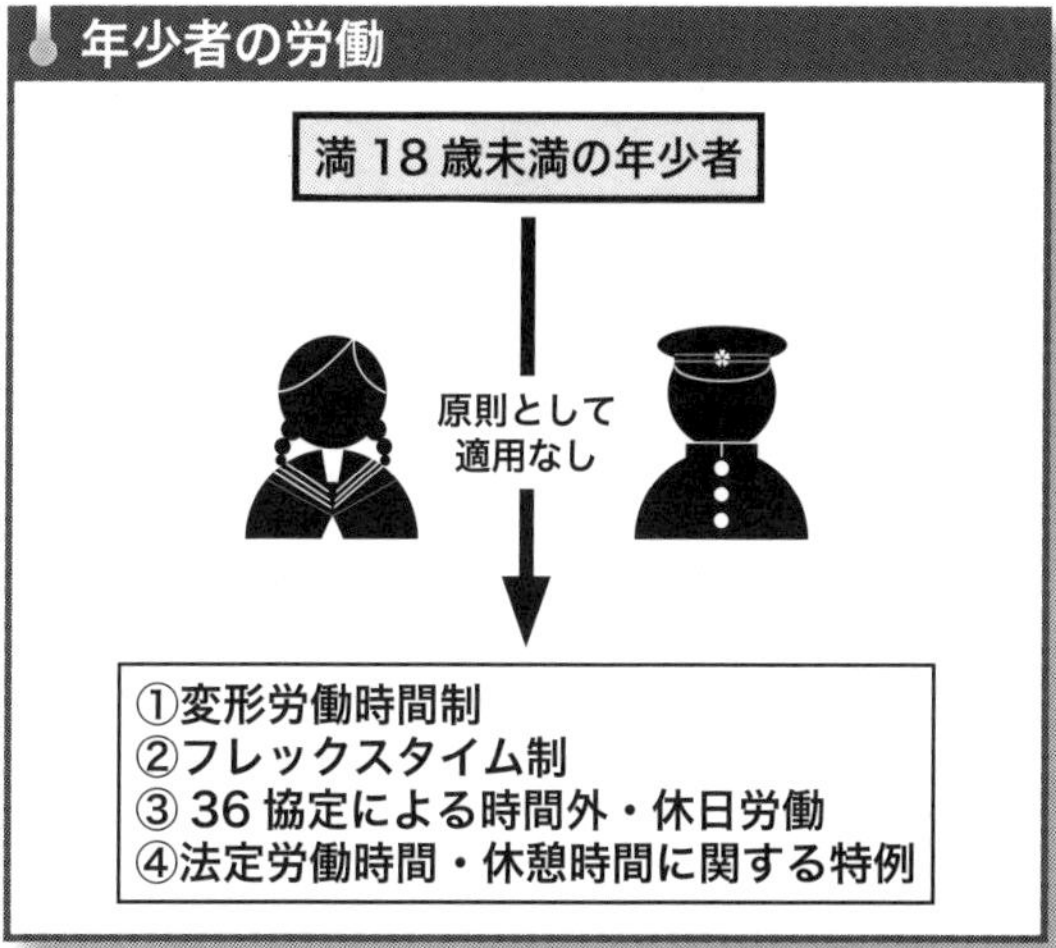

運送事業、ドッグや船舶などにおける貨物の取扱事業

・年少者労働基準規則の禁止業種……サーカス、大道芸人、ウェイター、ウェイトレス、エレベーターの運転業務など

③年少者（満18歳未満の者）の労働条件保護

年少者を深夜業や坑内労働、危険有害業務で使用するのは原則として禁止されるほか、上の図のような制限があります。また、年少者を使用する場合、使用者は年齢証明書を事業場に備え付けなければなりません。

④未成年者（満20歳未満の者）との労働契約

未成年者との労働契約は、法定代理人（親権者あるいは後見人）の同意を得た上で、必ず未成年者本人と行わなくてはなりません。

9 障害者の雇用

「障害者雇用促進法」は障害者（身体障害者、知的障害者、精神障害者）の雇用や就労の促進を目的に制定されました。具体的には、一定規模の事業主に対して障害者雇用率を設定し、それを上回る数の障害者を雇用する義務を課しています。

この障害者雇用率は、一般の民間企業（常時雇用する労働者が56人以上）が1.8％、特殊法人等、国および地方公共団体は2.1％、一定の教育委員会は2.0％と決められており、対象となる事業主は年に1回厚生労働大臣に自社の障害者雇用状況について報告しなければなりません。雇用率を達成していない事業主に対しては勧告などが行われます。

また、障害者の雇用は使用者にとっても経済的負担となるため、障害者雇用率未達成の事業主に納付金を課して徴収し、これを法定率以上の数の障害者を雇用する事業主に雇用調整金や報奨金として支給する障害者雇用納付金制度もあります。

具体的には、常用雇用労働者数が３００人を超えており、障害者の雇用率が1.8％に満た

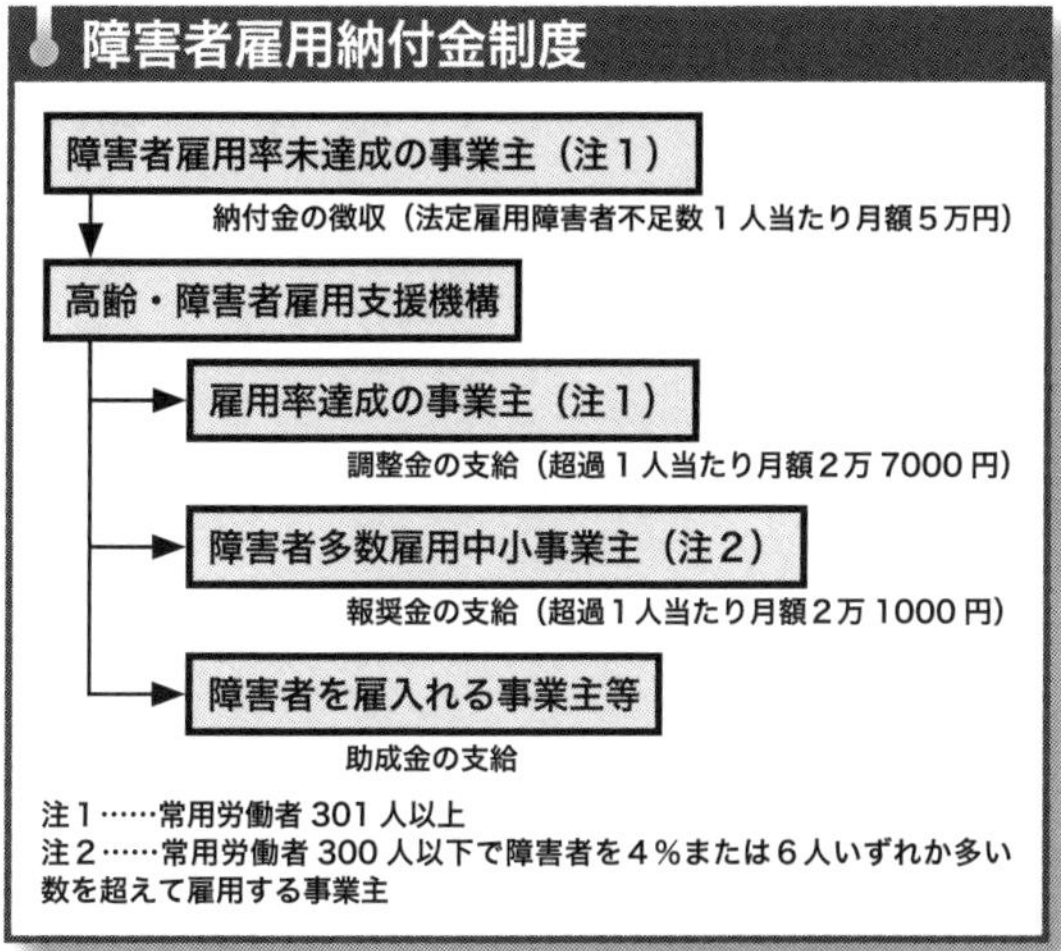

ない会社は、未達成の障害者1人につき月額5万円の障害者雇用納付金を納めなくてはなりません。その一方、法定雇用率を超えて障害者を雇用している会社に対しては、次のように雇用調整金あるいは報奨金が支給されることになっています。

①常時雇用する労働者数が301人以上で
法定雇用率を達成した企業
法定雇用障害者数を超えて雇用する障害者1人につき月額2万7000円の調整金

②常時雇用する労働者数が300人以下で
障害者を多数雇用している中小企業
一定数を超えて雇用している障害者の人数に応じて1人あたり月額2万1000円の報奨金

10 外国人労働者の雇用

外国人が日本で就労する場合、たとえ不法就労者であったとしても、日本の労働基準法その他の労働法規の適用を受けることには変わりはありません。逆に言うと、外国人だからという理由で不当に安い賃金や劣悪な労働条件で働かせるのは違法になります。

外国人を雇用する際に最も重要なのが**在留資格**です。これは外国人が日本で活動する目的を入国管理法で27に分類したもので、この中で就労が許されている資格を持っていなければ日本では就労できません。外国人を雇用するためには、次の2つの方法があります。

①すでに日本で生活している場合

その外国人の在留資格が就労可能なものかどうかを確認します。就労不可能な在留資格である場合は在留資格変更許可を申請します。

②現在外国で生活している場合

本人の代わりに、雇用企業あるいは委任を受けた行政書士が勤務予定地を管轄する地方

在留資格

就労に制限がないもの	永住者、日本人の配偶者等、永住者の配偶者等、定住者
一定範囲で就労が可能なもの	教授、芸術、宗教、報道、投資・経営、法律・会計業務、医療、研究、教育、技術、人文知識・国際業務、企業内転勤、興行、技能、外交、公用、特定活動
就労ができないもの	文化活動、短期滞在、留学、就学、研修、家族滞在

入国管理局で在留資格認定証明書の交付申請を行います。認定されれば、在留資格認定証明書が交付されます。それを受け取った外国人はその他必要な書類を添えて、現地の日本大使館あるいは総領事館に査証（ビザ）の申請を行います。ビザ発給後、来日します。

なお、不法入国あるいは在留期間を超えて滞在するなど正規の在留資格を持たなかったり、在留資格で認められた活動の範囲を超えて就労している、いわゆる不法就労外国人を雇用している場合、使用者やその斡旋者にも罰則が適用されます。また、外国人を雇用している使用者は、雇入れと離職時にその氏名や在留資格、在留期間などを公共職業安定所に届け出なければなりません。

第10章

人事労務をめぐる今日的問題

1 セクシュアル・ハラスメント

近年深刻な問題となっているのが、職場や社外でのセクシュアル・ハラスメント（性的嫌がらせ）が原因でおこるさまざまな問題です。

セクハラとは相手を不快にさせる性的な言動のほか、体に触ったり、性的関係を強要したり、性的経験や異性関係の噂を流すなどの行為も含まれます。

職場におけるセクハラは、次の２つのパターンに分類されます。

①対価型セクシュアル・ハラスメント

労働者の意に反する性的言動や行為への反応の結果、当該労働者が解雇や降格、減給などの不利益を受けることです。（例　性的関係を拒否した相手を職場の上下関係を利用して解雇したり、性的言動を咎められた相手を降格処分にしたりすること）

②環境型セクシュアル・ハラスメント

職場で労働者の意に反する性的言動や行為があった結果、職場環境が不快なものとなり、

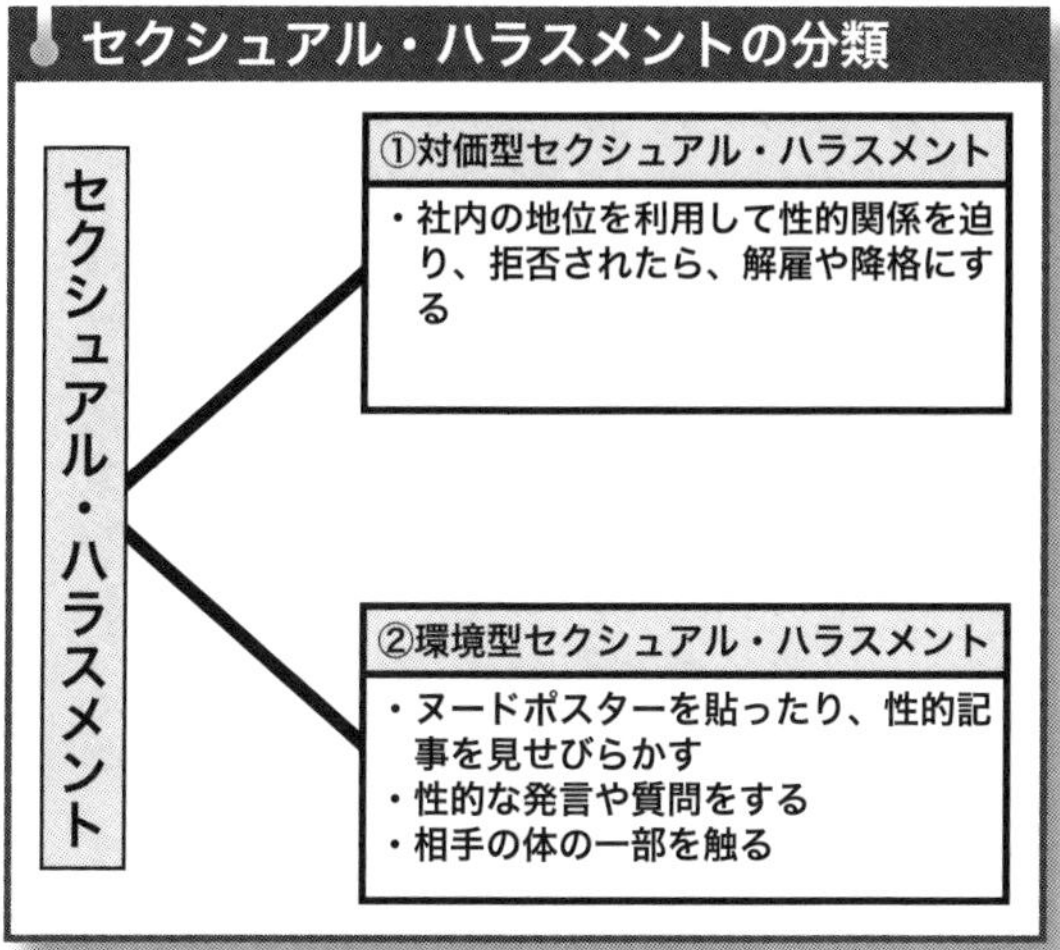
セクシュアル・ハラスメントの分類
セクシュアル・ハラスメント
①対価型セクシュアル・ハラスメント
・社内の地位を利用して性的関係を迫り、拒否されたら、解雇や降格にする
②環境型セクシュアル・ハラスメント
・ヌードポスターを貼ったり、性的記事を見せびらかす
・性的な発言や質問をする
・相手の体の一部を触る

当該労働者の能力発揮に重大な影響が生じることです。(例　職場にヌードポスターを貼ったり、卑猥な言葉を使ったり、性や恋愛について事実無根の噂を流したりする)

セクハラを行った加害者は民法の不法行為や刑法の強制わいせつ罪、暴行罪、強要罪などに基づく責任を負うほか、加害者が従業員であった場合はその企業の使用者の責任も問われ、セクハラを放置した場合は債務不履行責任を問われる可能性もあります。

また、従来は男性から女性に対するセクハラについて事業主に雇用管理上の配慮を求めていましたが、2006年の改正男女雇用機会均等法では、男女双方のセクハラについて、必要な防止措置をとる義務が生まれました。

2 パワーハラスメント

前項のセクハラとは別に、問題となっているのがパワーハラスメント（パワハラ）です。

パワハラはセクハラのように現時点で明確な定義があるわけではありませんが、一般に職場での上下関係を利用した「嫌がらせ」や「いじめ」とされており、加害者側の目的によって次の2つのパターンに分けることができます。

①ストレス解消を目的とした嫌がらせ、いじめなど

たとえば、会社の上司や先輩が部下やミスを犯した新人に対して、必要以上に大声で叱責・罵倒・侮辱したり、「気合い」などと称して暴力をふるうようなケースです。

②リストラの手段としての嫌がらせ、いじめなど

退職させたいが合理的な解雇事由がない労働者を辞めさせるために行われるいじめです。具体的にはわざと仕事を与えなかったり、閑職に配置転換するようなケースがあります。

パワハラは被害者が精神的に大きなダメージを被り、無気力になった結果、休職・退社

パワハラは無意識のうちに相手を傷つけてしまうことも大きな問題です

したり、最悪の場合は自殺に至ることも重大ですが、同時に加害者側に明確な嫌がらせやいじめの意図がなく、無意識のうちに相手を傷つけてしまうことも問題となっています。

パワハラについてはまだ法律的に概念が定まっていませんが、職場のいじめが原因で労働者が自殺した際に、いじめを放置した使用者に対して「安全配慮義務違反」として損害賠償責任が課された事例が現実にあり、今後も増えていくものと思われます。

なお、パワハラについては、これまで職場の上下関係が元となることが多かったのですが、最近はパソコンや英語が不得手な上司に対して、それらが得意な部下が優越感から逆にいじめを行うなど、概念が拡大しています。

3 個人情報保護

2005年に「個人情報保護法」が制定され、個人情報（氏名、電話番号、住所、メールアドレス、生年月日、血液型、学歴・職歴、健康状態など）を扱う事業者が守るべき義務や個人情報を不正に使った場合の罰則が定められました。

企業の人事部は労働者の情報を管理しており、最も個人情報保護法の規定に注意を払わなければならない部署と言えます。具体的には以下のような点に気をつけましょう。

①対象となる事業者

個人情報保護法は5000人以上の個人情報を保有する事業者に適用されます。これは現在の労働者数だけではなく、その家族や過去の社員、不採用者、営業活動で集めた顧客や見込客など、事業者として保有している個人情報が5000人分以上という意味です。

②個人情報取扱いにあたっての義務

・個人情報を利用する際にはその目的をできるだけ特定して、目的の変更は変更前の目

個人情報取扱事業者の義務

① 利用目的の特定と利用目的による制限

② データ内容の正確性の確保と安全管理措置

③ 第三者提供の制限

④ 個人情報への本人の関与

⑤ 苦情の処理

的との関連性が合理的に認められる範囲でなければなりません。

・個人データは正確かつ最新の内容に保つように努めなくてはならないほか、漏洩や毀損の防止などのために必要な措置をとらなくてはなりません。

・原則として個人情報は本人の同意なしに第三者（子会社やグループ会社も含む）へ提供してはなりません。

・すべての個人情報について本人の知りうる状態にしなくてはいけません。

・個人情報の取扱いに関する苦情の適切かつ迅速な処理に努めるため、必要な社内体制整備に努めなくてはなりません。

4 兼業・副業

近年、パソコンやインターネットを使って誰でも気軽にビジネスを始める環境ができたり、あるいは将来の雇用や生活に対する不安から、帰宅後の時間や休日などを利用して本来の労働とは別個に、独自に事業を営んだり、アルバイトをする労働者が増えています。このような兼業や副業に対して、従来多くの事業者は就業規則などで許可制にしたり、全面的に禁止して違反の場合は懲戒するなどの対応をしてきました。

しかし、このような規定を就業規則で定めることの妥当性について、近年は、労働者が労働時間以外の時間をどのように利用するかは基本的に労働者の自由であり、さらに兼業や副業を禁止することは憲法で保障された職業選択の自由にも抵触する恐れがあるので、就業規則などによる一方的な禁止は適切ではないとする意見が主流になってきています。

では、どのような場合に兼業や副業の禁止が認められるかについては、就業規則にその旨が規定されている上で、本業に悪影響（疲労による業務効率の低下や遅刻や欠勤の増加

労働者の兼業・副業の是非は合理的見地から判断されるべきです

など）が出たり、兼業の内容が本業と競合してノウハウが流出したり、兼業の内容が事業主の社会的信用を傷つける（違法なビジネスを行うなど）恐れがあるなどの合理的理由が認められる場合において、懲戒処分の対象となりうるとされています。

したがって、現時点では就業規則などで兼業や副業の禁止規定を設けること自体は依然有効とされますが、たとえば、家計補助の目的でインターネットで株や物を売買していても、それがすぐに規定違反になるわけではなく、前述した合理的理由の有無の観点から個別に判断するのが妥当と考えられています。

なお、公務員（国家・地方）については、法律で兼業・副業は禁止されています。

■監修者紹介

小澤和彦（おざわ・かずひこ）

1994年早稲田大学政治経済学部経済学科中退後、特許事務所勤務。ソフトウェア会社勤務を経て、1997年弁理士試験合格、1999年特許事務所設立。2003年司法試験合格。現在、第二東京弁護士会所属、弁護士（ひかり総合法律事務所）。

業務分野は、おもに企業法務、知的財産。著書に、『新・会社法で会社と仕事はどうなる？』（弘文堂）、『Q＆A 新会社法の定款変更手続き』（総合法令出版）がある。

通勤大学文庫

図解法律コース4

人事部のための法律知識

2008年3月6日　初版発行

監　修　**小澤和彦**

編　者　**総合法令出版**

発行者　**仁部　亨**

発行所　**総合法令出版株式会社**

〒107－0052　東京都港区赤坂1-9-15

日本自転車会館2号館7階

電話　03-3584-9821

振替　00140-0-69059

印刷・製本　**中央精版印刷株式会社**

ISBN 978-4-86280-059-6